Ausgewiesene Experten

Ulrich Horstmann

Ausgewiesene Experten

Kunstfeindschaft in der Literaturtheorie
des 20. Jahrhunderts

PETER LANG
Frankfurt am Main · Berlin · Bern · Bruxelles · New York · Oxford · Wien

Bibliografische Information Der Deutschen Bibliothek
Die Deutsche Bibliothek verzeichnet diese Publikation in der
Deutschen Nationalbibliografie; detaillierte bibliografische
Daten sind im Internet über <http://dnb.ddb.de> abrufbar.

ISBN 3-631-50887-5
© Peter Lang GmbH
Europäischer Verlag der Wissenschaften
Frankfurt am Main 2003
Alle Rechte vorbehalten.

Das Werk einschließlich aller seiner Teile ist urheberrechtlich
geschützt. Jede Verwertung außerhalb der engen Grenzen des
Urheberrechtsgesetzes ist ohne Zustimmung des Verlages
unzulässig und strafbar. Das gilt insbesondere für
Vervielfältigungen, Übersetzungen, Mikroverfilmungen und die
Einspeicherung und Verarbeitung in elektronischen Systemen.

www.peterlang.de

Inhalt

1. Small Talk im Foyer — 7

2. State of the Art. Poetologisches Trauerspiel in drei Aufzügen — 13
   2.1 Totenschein für Autoren — 20
   2.2 Erbengemeinschaft Ecriture — 29
   2.3 Zeichen und Wunder — 41

3. Das Mysomousoi-Syndrom. Ein Monolog — 55

4. Auftritt der Doppelgänger — 81
   4.1 Fallstudie Lodge — 87
   4.2 Fallstudie Eagleton — 93
   4.3 Fallstudie Bradbury — 98

5. Epilog der VerSteinerten — 105

6. Platon um Punkt zehn. Eine Wiederaufnahme — 125

Zitierte Literatur — 145

1. Small Talk im Foyer

Vorfeld unter Teppichboden, Wandelhalle mit Erfrischungsständen, Trockendock nach den Unbilden des Wetters draußen, Spiegelsaal der Selbstdarsteller, Fluchtpunkt für Pausenclowns, wenn eine Tür weiter die kulturellen Niederschläge überhand nehmen, kurz, ein Zwischenreich des Sichversammelns und Sichzerstreuens ist das Foyer. Und es ist der Platz der Vorhersagen und weiteren Aussichten, denn hier liegen zur gefälligen Bedienung die aktuellen Spielpläne und Veranstaltungsprogramme aus.

Unser Prospekt beginnt mit einer Klarstellung. Was folgt, ist keine Einführung in die Literaturtheorie des 20. Jahrhunderts (vgl. Zapf 1996), sondern eine Auseinandersetzung mit den konzertierten Fehlentwicklungen, die in dieser Disziplin insbesondere während der zweiten Jahrhunderthälfte zu beobachten sind. Sie haben inzwischen ein existenzgefährdendes Ausmaß erreicht, denn ein Großteil der Theoretiker hat sich aus jeder Verpflichtung gegenüber dem literarischen Kunstwerk entlassen, so er sich nicht überhaupt eine solche ‚auratisierende' Ansprache von Texten verbittet. Die Erfahrung der letzten Jahrzehnte hat gelehrt, daß diese Fraktion einer Grundsatzdebatte nicht zugänglich ist und also hier nur en passant und wider besseres Wissen gemeint sein kann. Geschrieben wurde das vorliegende Buch für Foyeure und Zuschauer, d.h. für alle, die noch kein Insider-Credo nachbeten müssen, sondern sich neugierig – und ohne Betriebsblindheit – dem aussetzen wollen, was da repertoiregemäß und mit soviel akademischer Imponierrhetorik über die Bühne geht.

Innerer wie äußerer Abstand sind dabei von Vorteil. Die amerikanische Theorieproduktion, die hier schwerpunktmäßig verhandelt wird, garantiert eine Kontinentalverschiebung der Probleme und verhindert so allzu kurzsichtige Annäherungsweisen, die vielleicht zusätzlich unter den Weichzeichnern kollegialer Rücksichtnahme verschwimmen. Darüber hinaus spricht die Sachlogik für diesen Objektbereich, weil die Vereinigten Staaten inzwischen auch als Theorieproduzenten Hegemonialstatus genießen und ihre Paradigmen weltweit exportieren. In Umkehrung des *colonial lag*, der vor gut drei Generationen noch einen Ezra Pound und T.S. Eliot, eine Hilda Doolittle und Gertrude Stein in die alte Welt zurücktrieb, trifft der europäische Literaturwissenschaftler, der sich heute mit der amerikanischen Produktpalette vertraut macht, auf die eigenen Theoriesortimente von morgen und übermorgen. Insofern wird Germanistisches im folgenden zwar nur selten explizit angesprochen, ist aber immer mitgemeint.

Die zweite empfehlenswerte Distanzierungstechnik heißt Skepsis; sie wirkt noch attraktiver, wenn man in ihr die alte philosophische Tugend des Staunenkönnens wiederentdeckt. Patrick Parrinder, der die *communis opinio* zeitgenössischer Theoriebildung in sieben Punkten zusammengefaßt hat, gibt Gelegenheit dazu. Wer sich angesichts der von ihm aufgelisteten ‚Selbstverständlichkeiten' nicht verstört die Augen reibt, sondern alles nur noch dogmatisch glauben oder apathisch abnicken kann, dem ist nicht zu helfen. Er möge es sich unter den postmodernen Prinzipienreitern behaglich einrichten und weiterhin vor jenem hochtrabenden Parcours mit seinen axiomatischen Gräben, Oxern und Doppelricks den Hut ziehen, der nicht nur einen Parrinder auf die Hinterbeine bringt und in die Verweigerung treibt:

1. We are living at a time of ‚theoretical revolution' in the humanities.
2. The theorist is no longer a servant of the literary critic. Theory and criticism should not take second place to imaginative writing.
3. All utterances are implicitly theoretical. All theory is political. [...]
4. The enemies of theory are politically conservative. [...]

5. ‚Literature' is now a redundant category. The study of English literature is in a terminal state and ought to wither away.
6. English lecturers, however, ought not to be made redundant.
7. There is not much to be learnt from contemporary novelists, dramatists and poets. The author is dead. Long live the Theorist!

(Parrinder 1987: ix)

Lassen wir trotz des grellen Fanfarenstoßes die Turnierschranken noch einen Augenblick geschlossen und die dahinter herumtänzelnden Theorie-Houyhnhnms und Diskurs-Zentauren unabgebürstet. Unser metaphorisches Foyer, diese ewige Durchgangsstation, lohnt die Geduld, entpuppt es sich doch als Lernfeld sondergleichen. Hier stellt sich die Disziplin vor, bevor sie ihre Vorstellungen gibt, und manche der Einsichten, die sich zwischen Umarmungen, Schulterklopfen, steifen Verbeugungen und abrupten Kehrtwendungen geradezu aufdrängen, sind später auf der offiziellen Bühne nur noch indirekt zu haben.

Anschließend wird es nämlich ernst, wird Theater gespielt, und zwar in seiner vollen Bandbreite von Konversationsstück und Farce bis hin zur klassischen Verblendungstragödie, aber keiner hat behauptet, daß wir uns deshalb im Theater befinden. Unser Foyer liegt vielmehr in einem futuristischen Fünfsternehotel mit gläsernen Innenaufzügen, aufgepumpten Wandkaskaden und dezenter Videoüberwachung. Momentan Desorientierte sind eingeladen, es mit dem anglo-irischen Postmarxisten Terry Eagleton noch einmal zu betreten:

As conferences go, the Modern Language Association of America is in a class of its own, as twelve or fifteen thousand literary critics take over a whole complex of hotels. It is a unique sociological experience to be on an escalator with sixty other people all of whom know who Jane Eyre is. Security is tight, and I once found myself unable to get in to a paper I was giving. As Jacques Derrida speaks to the crowded ballroom of the New York Hilton about floating the signifier, gorilla-shaped guards frisk fresh-faced postgraduate students on the doors. The president of the association is allotted the Hilton penthouse, and has the privilege of occupying the bed in which, either consecutively or simultaneously, Madonna, Paul Newman, Mohammed Ali, Elizabeth Taylor and Brad Pitt have slept. It is an enviable reward for a lifetime of annotating Dante. (Eagleton 2001: 100f.)

Was zeigen, was beweisen diese Impressionen vom großen Jahresauftrieb der philologischen Fachvertreter? Zumindest dies, daß sich die Zunft bedeutsam zu inszenieren weiß und daß sie ein Starsystem ausgebildet hat, welches seit geraumer Zeit fast nur noch aus Theoretikerzirkeln gespeist wird (vgl. Cain 1984: 247). Woher resultiert diese Bevorzugung? Man braucht sich nur umzuhören im Foyer, denn die papierenen Stimmen verkünden es mal vertraulich, mal von oben herab alle Jahre wieder und von allen Seiten: „The ‚theory' game is a profitable one, and the quantity of books and articles on the subject is astonishing" (Cain 1984: 246) – „The title of literary or critical theory has been conferred upon a vast [...] academic growth industry" (Bradford 1993: ix) – „There is big business in [...] ‚import rhetoric'" (zit. nach Ashcroft/Griffiths/Tiffin 1989: 164) – „Virtually any book on literary criticism with the words ‚theory' and ‚introduction' in its title is now considered to be eminently saleable" (Parrinder 1993: 127).

Im Vorwort zu seiner zweiten Theorie-Anthologie belegt David Lodge diese „Hochkonjunktur der Metakritik" (Schlaeger 1986: 9) mit konkreten Zahlen:

> This book is a companion volume, and in some sense a sequel, to my *20th Century Literary Criticism: A Reader*, which was published by Longman in 1972. As such books go, *20th Century Literary Criticism* has been very successful. It has sold some 35,000 copies to date. (Lodge 1988: x)

Das sind Auflagen, von denen viele gestandene zeitgenössische Erzähler nur träumen. Ihr zynisch abgepuffertes Ressentiment ist denn auch bald in einem Schlüsselroman zu Buche geschlagen. Er stammt von Gilbert Adair, trägt den Titel *The Death of the Author* und präsentiert sich als Lebensbeichte des nach Paul de Man modellierten Meisterdenkers Professor Sfax. Diese Koryphäe ist mit Theorie-Bestsellern wie *Either/Either* und *The Vicious Spiral* hervorgetreten und erlebt die Auswirkungen des Booms der Metakommentare am eigenen akademischen Leibe:

> Like Byron I woke up a national glory. [...] There was a perceptible transformation, too, in my material circumstances. [...] I was suddenly offered a new light roomy office that overlooked the green-and-gravel grounds of the Alumni House and gave me easy access to a pool of departmental secretaries. [...] And I found myself gradually eased out of all the more onerous of departmental duties, [...] and free to patronize the several conferences that were being held around the country on my work. (Adair 1992: 30ff.)

Gewiß, Sfax ist eine Fiktion, aber wieviel Einbildungen – und Eingebildete – sind in der Modern Language Association im Umlauf? Das Foyer jedenfalls füllt sich unaufhaltsam. Lange bevor sich die Türen zu den Konferenzsälen öffnen, ist es ein Hexenkessel, in dem man sein eigenes Wort nicht mehr versteht. Im Lesesaal der Universitätsbibliothek ein paar Straßenzüge weiter hat der *brain drain* zurückgeschobene Stühle und abgeräumte Tische hinterlassen, an deren Enden sich die Bücher stapeln wie Hochhäuser in einem geometrisch zersägten Stadtmodell. Ließe man seiner Phantasie freien Lauf, könnte man den Fahrstuhl besteigen und in der nächstliegenden Immobilie bis zur vorletzten Etage fahren, auf deren Ostfront *The Limits of Theory* avisiert sind. Dort wäre man dann im Handumdrehen wieder im Kollegenkreis, nur buchstäblich und also ohne Platzangst – und ganz in Gedanken, was einem Geisteswissenschaftler doch unmöglich gegen seine Natur gehen kann:

> How many of us are there in the humanities? How many members does the Modern Language Association have? There must be at least twenty thousand active people. [...] Our sector of the academic world is as large as the entire cultivated public of Elizabethan England or the France of Louis the Fourteenth. And yet our cultural world is a far cry from Elizabethan England or *la cour et la ville*

in seventeenth-century France. There is a reason for this, so simple and so obvious that no one ever mentions it. At the time of Elizabeth and Louis, one percent, perhaps, of the educated people were producers, and ninety-nine percent were consumers. The ninety-nine percent were truly interested in what was produced. With us, the proportion is curiously reversed. (Girard 1989: 244)

2. State of the Art. Poetologisches Trauerspiel in drei Aufzügen

Wie ausgedruckt der Umschlag von der Foyer-Diastole ins Systolische. Das Publikum fließt ab zur *keynote address* und den zahllosen Parallelveranstaltungen im Hotelinneren. Das Herzblut des guten Willens und der besten Absichten zirkuliert in der Regie, befeuert die Solisten, überschwemmt die Zuhörerschaft gleich reihenweise. Schöne Erfolge werden, kaum gefeiert, von schöneren überstrahlt, Maximalismus ist angesagt, im Erfolgsstück *Lit. Theory* gehört dem postmodernen Lautsprecher, Urenkel des *miles gloriosus*, die Bühne.

„Interpretation is a feast, not a fast" (Hartman 1975: 18), heißt die Losung, die Geoffrey H. Hartman, einer der führenden Köpfe der *Yale deconstructionists*, schon 1975 ausgibt, und alles schwelgt in der Erwartung von „a thousand and one nights of literary analysis" (Hartman 1981: 23) und der dazugehörigen Scheherazade, die von einem akademischen Kalifat an das andere weitergereicht werden kann. „These Postmodern rhetorics", jubelt Paul A. Bové, „how exciting and adventurous they are. Criticism is attractive again and haggish no longer; our [...] dreams of refreshing literary study take on living form" (Bové 1979: 12), und im Vorwort ihres Readers *Twentieth Century Literary Theory* sind die Herausgeber denn auch des Lobes voll über „the consistently fascinating exchange of ideas with our undergraduates and graduates" (Lambropoulos/Miller 1987: x). Im Handumdrehen läßt ein morgenländischer Wunderglaube die Träume von der mühelosen theoretischen Selbstbelehrung, von „joyous play" (Adams/Searle 1986: 10), und „playful pluralism" (Kolodny 1986: 511), Wirklichkeit werden, verwandelt sich die abstoßende Raupe Sekundärliteratur in den schönen Schmetterling der Dissemination, der auf Bodenhaftung dankend verzichten kann (vgl. Cohen 1989: vii).

Der End- und Höhepunkt dieser Entwicklung ist ein angebliches theoretisches Amüsement, das dem Lernenden als *theory light* keinerlei Verdauungsprobleme mehr bereiten soll, sondern sich anschickt, der (Unterhaltungs-)Literatur den Rang abzulaufen und den Dozenten ganz nebenbei auch noch zu einem besseren Menschen macht. G. Douglas Atkins, der billige Jakob unter den Anthologielieferanten, hat das Entsprechende im Angebot und erklärt:

> Theory can be fun. [...] Theory may actually *become* literature [...]. Read as we do *other* literary forms and texts, theory offers many pleasures as well as insights, themselves pleasurable, of course. [...] Since I began working in a serious way with theory, about ten years ago, my teaching has improved markedly. [...] It was only when theory jolted me into recognizing (Felman would say *re*cognizing) that human beings exist *in, through* and *as* a play of differences and a field of relations that I was able to break out of the pernicious trap of binary-oppositional thinking. (Atkins/Morrow 1989: 2/18)

Das englische Adjektiv, das die aus diesen Zeilen sprechende Geistesverfassung beschreibt, lautet *self-congratulatory*, und der inbrünstigen Menschlichkeit, die aus der Wahrnehmung des Gegenüber als ‚Spiel der Differenzen und Beziehungsfeld' erwächst, wird sich die beglückte Klientel wohl allenfalls in Pflichtveranstaltungen aussetzen. Aber trotz ihrer Outriertheit sind die Behauptungen Atkins' kein Einzelfall. Seit mehreren Jahrzehnten grassieren in der amerikanischen Literaturtheorie leere Versprechungen und Etikettenschwindel, Augenwischerei und Autosuggestion, eine hybride Inflation der Leistungsansprüche und eine ebenso verlogene Minimierung der Leistungsanforderungen, die auch hochspezialisierte Insider-Traktate noch mit dem Kundenköder auf den Markt wirft: „This book does not assume a prior knowledge of theory" (Steele 1997: 4).

Wie es sich für versierte Theatraliker gehört, verfügen insbesondere die Diskursführer über den schönen Schein, will sagen, die Gabe souveräner Realitätsverleugnung, und man muß schon eine ganze Phalanx von Kronzeugen aufmarschieren lassen, um die schnöde Wirklichkeit in den Seminar- und Übungsräumen wieder in Erinnerung zu rufen. Dort nämlich herrschen Heulen und Zähneklappern, während das brausende Hosianna jenes neuen Abolitionismus Flure und Gänge erfüllt, der seine Anhänger vom Sklavendienst an der Primärliteratur befreit und eine „global redefinition of literary studies" (Davis/Schleifer 1991: viii) auf seine Fahnen geschrieben hat.

In den späten 20er Jahren hatte sich I.A. Richards in einer empirischen Erhebung Klarheit über die interpretatorischen Fähigkeiten von Literaturstudenten verschafft und seine Resultate in der Studie *Practical Criticism. A Study of Literary Judgment* veröffentlicht. Die Befunde waren erschreckend, spiegelten sich in Feststellungen wie „widespread inability to construe meaning" (Richards 1964: 312), „stock responses" (313), „ignorance and *lack of skill in reading*" (319), „a low level of general imaginative life" (320) und führten zu tiefgreifenden Reformen in Forschung und Lehre. Gegen Ende des Jahrhunderts, das Zeuge einer beispiellosen Expansion des Faches und seiner immer schneller aufeinander folgenden methodischen Selbstumwälzungen wird, will es Gerald Graff noch einmal genau wissen. Er schreibt mit *Professing Literature* (1987) ein institutionsgeschichtliches Standardwerk, und er protokolliert in mehreren Aufsätzen seine eigenen Lehrerfahrungen. Darin ist von der postmodernen Euphorie des Nie-Dagewesenen, der großen Vergnüglichkeit der Lektüren und den immerwährenden Befruchtungen zwischen Dozierenden und Seminarteilnehmern nicht viel zu spüren, umso mehr aber von der Tristesse des Wie-gehabt, von Déjà-vu und Auf-der-Stelle-treten. Richards jedenfalls könnte unbesehen gegenzeichnen:

> Many students who have no difficulty comprehending literary works on the level of action and story are unable to perform the operations required to make conceptual sense of action and story. This failure to process literature conceptually leads to impoverishment of emotional response as well. [...] Most students are uncertain what to say or think about literature at all. The critic or teacher who warns his students not to hunt for messages is a bit like a millionaire who warns poor people not to be overly concerned about material prosperity. (Graff 1981: 158/160)

Weitere Aussagewillige, die das Elend der Überforderten bezeugen, sind schnell geladen. „[Students] are steadily less well prepared, both in literature itself and in what are called ‚basic language skills'. They cannot write well. They cannot read well either" (Miller 1991: 172), klagt es selbst aus dem gegnerischen Lager, wenn J. Hillis Miller es sich auch angelegen sein läßt, ein Kapitel später erneut den Silberstreif der Hoffnung aufzuziehen. E.D. Hirsch diagnostiziert in seiner Studie *Cultural Literacy* (1987) einen generellen Verfall kultureller Kompetenzen, und R.V. Young kommt in *At War with the Word. Literary Theory and Liberal Education* angesichts der Vorherrschaft postformalistischer Literaturmodelle zu dem Schluß:

> The educational results have been uniformly catastrophic, but, although there is indisputable evidence of a general decline in the academic standards of colleges and universities and in the performance of students, the usual response of administrators and the most vocal segment of faculties has been to deny the gravity of the news and to shoot the messenger. (Young 1999: 12)

Wer derartige Auskünfte als billigen Alarmismus, als Pawlowschen Reflex eines offenbar unausrottbaren Kulturpessimismus abtut, macht es sich zu leicht. Im Verlauf unserer Argumentation wird sich ein unzweideutiges Ursache-Wirkungsverhältnis zwischen bestimmten literaturtheoretischen Paradigmen und der zunehmenden Hilflosigkeit des akademischen Nachwuchses beim Umgang mit literarischen Kunstwerken ergeben. Die Verantwortlichen mögen sich und anderen die Augen vor solchen Kausalitäten verschließen, die Diskrepanz zwischen Wunschbild und Wirklichkeit, zwischen der in Einleitungen beschworenen Agilität und Springlebendigkeit der studentischen Adepten und ihrer realen ‚Duldungsstarre' ist weder Zufall noch Zeichen einer bloß temporären Schwächephase und schon gar nicht Projektion ideologischer Verbohrtheit. Vielmehr zeigt sich gerade bei Unterweisungs- und Tradierungsprozessen, daß Entfremdung Entfremdung erzeugt, ja potenziert, und daß das Heldendrama des sich seiner Bindungen entledigenden, seine Ketten abwerfenden logophoben Dezentrierers bezahlt wird mit rasantem Statistenverschleiß und dem Selbstläufertum des Trauerspiels hinter den Kulissen.

Ist dazu noch ein Ortstermin erwünscht? In der Höhle des Löwen, bei der Avantgarde des globalen Theoriedesigns, im Mekka hochdotierter Spitzenforschung? Hier eine kurze Besichtigung der Studentenpopulation und ihrer manisch-depressiven Wagenburgmentalität:

> I recall, for instance, [...] a great East Coast university that had become a kind of revolving door for the fiercest theorists of all stripes. When I was teaching there, the students were in a state of almost catatonic apathy, which was briefly interrupted by fits of frenzied activity. They felt that they were under permanent attack [and...] were divided into slightly different versions of the same ideology, completely indistinguishable from one another to the uninitiated, but to them as different as night and day. (Girard 1989: 237)

Jetzt weiß man, daß es neben der plakativ-propagandistischen Lesart des Slogans „Theory is where the intellectual juices are flowing" (Eagleton 1990a: 82) auch noch eine düster-empirische gibt, die von der sektiererischen Selbstzerfleischung der Bekehrten handelt. Glücklicherweise bleibt der Versuch, eine Literaturtheorie (ersatz)religiös zu leben, in fast allen Studentenbiographien Episode, und an die Stelle der Überidentifikation tritt als dauerhafterer *modus vivendi* ihr emotionales Negativ, die Abstumpfung. Sie ist in den USA zum flächendeckenden Erbe der postmodernen Wiedertäufer geworden, wie Josué Harari bestätigt:

> We have reached the point at which the excitement over the initial effects of theory is in the process of turning into its opposite: the ennui that comes from repetition. The result is a kind of theoretical monotony. (Harari 1989: 169)

Solche sich in erstaunlich kurzer Zeit einstellende Eintönigkeit der neuen Paradigmen vom *Archetypal Criticism* über Dekonstruktion, *Gender Studies*, *Postcolonial Theory*, *New Historicism* bis hin zur feministischen Literaturtheorie und den *Cultural Studies,* ja die kaum dauerhaftere Virulenz des gesamten, eben noch in seiner „tremendous vitality [...] and healthy diversity" (Miller 1991: 324) beschworenen Ensembles, liefert einen weiteren willkommenen Anlaß, sich zu verwundern. Studenten lernen den aktuellen kritischen Jargon wie eine Fremdsprache, stellt Thomas M. Kavanagh fest, und verkehren dabei die Anstiftung zu heterodoxem Denken in konformistische Echolalie. „Why is it", lautet die folgerichtige Frage, „that a greater familiarity with the most stimulating works of contemporary theory should so often serve to homogenize and deaden the work of our students?" (Kavanagh 1989:16).

Ja, in der Tat. Wer hat den Schwarzen Peter, wenn das angeblich Hochbrisante nicht zündet, Appelle zur Emanzipation von den alten Autoritäten autoritätsgläubig nachgebetet werden und von der Theorie eine Erkennungsmelodie aus drei, vier Reizvokabeln übrig bleibt, die man wie ein Leierkasten abdudelt, um sich Gleichgesinnten zu erkennen zu geben? Sind die Lernenden schuld, die Schulsysteme, die sie durchlaufen haben, die spätkapitalistischen, postindustriellen, durchmedialisierten Lebensumstände? Oder hat das Debakel, das sich zeigt, vielleicht doch mit einem anderen zu tun, das erst auf den zweiten Blick erkennbar wird, weil es sich zum Triumph uminszeniert hat und sich vor vollbesetztem Haus mit immer größerem Tempo und immer kürzerem Atem in Szene setzt und überspielt?

Die letztgenannte These, mit der gebotenen Deutlichkeit sei es wiederholt, die These von der Scheinblüte der neueren Literaturtheorie und ihrer Eigenverantwortung für hochtourenden Leerlauf und geisttötende Sterilität, wird hier verfochten. Die Insider sind in Wahrheit Exilierte, sind *ausgewiesene* Experten in des Wortes unverhoffter Doppelbedeutung, die wider jene zeugt, die sich so gern mit dieser Bezeichnung schmücken. Sie haben die Allianzen mit der Literatur aufgekündigt, das Qualitätsgefälle zwischen Primärem und Sekundärem einzuebnen versucht, dem Kunstvollen seinen einzigartigen Rang und seine Privilegien abgesprochen. Die Konsequenz ist ein Schweigen, das die Theorie in immer zweifelhafteren, immer verzweifelteren Monologen überplärrt, ohne daß etwas Besonneneres, Klügeres, Einsichtigeres antworten könnte, denn dies überlegene Andere haben die Theorie-Gurus ja wegdekretiert. Also machen die Kunstweisen, die zu Kunstwaisen geworden sind, sich wie Miltons gestürzter Erzengel an die Dekoration und den Ausbau ihrer autistischen Hölle. Konstruktivismus, Professionalismus, Selbstauratisierung und die Verhedonisierung unwiederbringlicher Verluste stehen dabei ganz oben auf der Agenda; aber auch in New Yorker oder Chicagoer Nobelhotels will der Eindruck des Pandämoniums nicht weichen.

Die Hülle, die Fülle, das ganze Schauspiel und der Glamour der Akteure machen Eindruck, wer wollte das leugnen. Die endlose Betriebsamkeit hinter Schreibtischen und Kathedern behext sogar Literaten, die ihren ganzen Galgenhumor zusammennehmen müssen, um sich in der verkehrten Welt, in der nicht mehr der Eigensinn der Kunst, sondern ein usurpatorischer Dünkel das Sagen hat, zu behaupten:

> Today writers are lonely and humble figures, probably living, if they are British, in some country rectory, sadly fantasising about unusual sexual cou-

plings, or else in Islington, doing much the same sort of thing. The critic, on the other hand, is almost certainly a member of a critical salariat, living on a campus or at a congress in a community of what he or she likes to call his or her peers. Writing, in short, is the trade, and criticism the profession, and the balance of powers has changed quite remarkably. (Bradbury 1988a: 9)

Man wird sehen, ob und wie lange das so bleibt. Denn erstens scheint die Halbwertzeit von Putschisten generell nicht sonderlich vorzeigbar, und zweitens ist die Literatur in ihrer langen Geschichte noch jeden Huckauf losgeworden, der mit vorgeschobenem Unterkiefer, verkrallten Fingern und vor Anstrengung zitternden Schenkeln auf ihren Schultern ritt und sich dabei einbildete, ihr über den Kopf gewachsen zu sein.

2.1 Totenschein für Autoren

Eine Mordsstimmung herrscht, wo immer sich Literaturwissenschaftler auf der Höhe der Zeit zum Gedankenaustausch zusammenfinden. „The poem calls for its own ‚murder'" (Riddel 1974: xii), ermutigt etwa Joseph Riddel und wäscht sich zwischen einfachen Anführungszeichen die Hände in Unschuld. Und sein Kollege Wayne Booth sekundiert mit folgender Vermißtenanzeige: „I invent new readings, therefore, you, the author, *are not*" (Booth 1976: 420). Solche Stimmen sind nicht ungehört verhallt, sondern haben weitreichende Resonanz gefunden, so daß die Herausgeber der einschlägigen Aufsatzsammlung *What is an Author* den Tod ihrer Titelfigur als „the most famous slogan for the fast-growing field of ‚theory'" (Biriotti/Miller 1993: 1) bezeichnen können.

Sein (theoretischer) Exitus wurde von langer Hand vorbereitet, hat es doch in diesem Jahrhundert – quer durch die rivalisierenden Schulen und bis aufs Blut verfeindeten Paradigmen – zahllose Versuche gegeben, die Autoren als eigenwillige Text-Souveräne aus dem Wege zu räumen. Die Bandbreite reichte dabei von einem symbolischen Auslöschen durch scheinbar beiläufiges Ignorieren über eher halbherzig und mit schlechtem Gewissen eingefädelte argumentative Attentate bis hin zu den Scharfrichterauftritten von Roland Barthes und Michel Foucault. Sie haben die Hinrichtung gleichsam öffentlich vollzogen, ohne daß der Königsmord die gewünschte befreiende und befriedende Wirkung für die Disziplin gehabt hätte. Vielmehr scheint der Autor nach diesem Akt äußerster Insubordination wiedergängerische Züge ausgebildet zu haben und das Immunsystem auch der nachgeborenen Ismen immer von neuem zu belasten. Wie sonst wäre es zu erklären, daß auch ein Stephen Greenblatt, Wortführer des *New Historicism*, Seiten braucht, um das Gespenst des Schöpferisch-Ursprünglichen zu bannen und den toten König unbedingter Kreativität mit einem Seufzer erleichterten Bedauerns erneut beizusetzen:

One dreams of finding an originary moment, a moment in which the master hand shapes the concentrated social energy into the sublime aesthetic object. But the quest is fruitless, for there is no originary moment, no pure act of untrammeled creation. In place of a blazing genesis, one begins to glimpse something that seems at first far less spectacular: a subtle, elusive set of exchanges, a network of trades and trade-offs. (Greenblatt 1988:7)

Kultur erscheint aus dieser Perspektive als Dschungel, viel zu verschlungen und durchwachsen für Singularitäten, oder, etwas vornehmer, als autopoietisches System, das auf Urheber verzichten kann. Wer sie dennoch auszumachen glaubt, demonstriert damit nur seine eigene Kurzsichtigkeit und sieht den Tropenwald vor lauter Bäumen nicht: „The agents of exchange may appear to be individuals [...], but individuals are themselves the products of collective exchange" (ebd.: 12). Der einsame Schöpfer und das selbstherrliche Werk sind deshalb als Produkte hartnäckiger Wahrnehmungsstörungen zu behandeln, denen Greenblatt in einem Akt stellvertretenden ‚Abschwörens' beikommen will: „There can be no appeals to genius. [...] There can be no autonomous artifacts" (ebd.: 12).

Der sich in den 30er und 40er Jahren konsolidierende *New Criticism* hätte mit Greenblatts Grundüberzeugung von einer „collective production of literary pleasure and interest" (ebd.: 4) und der ‚Zirkulation sozialer Energien' wenig anzufangen gewußt, aber das Sichreiben an interpretatorischen Urheberrechten und der Autorität des Verfassers teilte er mit seinem Theorieenkel. Nur machte er – jedenfalls aus der Retrospektive der *New Historicists* – den Fehler, den Teufel mit Beelzebub auszutreiben. Ausgerechnet ein radikalisiertes Autonomiekonzept lieferte nämlich das Widerlager, um die Teilentmündigung des Künstlers zu bewerkstelligen. Der hatte zwar ein Werk in die Welt gesetzt, aber dieses Werk führte ein Eigenleben und nabelte sich spätestens mit der Publikation von seinem ‚Austräger' ab. Den Text nicht an seinen eigenen Sinnpotentialen zu messen, sondern an den Plänen und Absichten des Autors verletzte somit den Sonderstatus und die ästhetische Dignität des sprachlichen Kunstwerks. In ihrem folgenreichen Aufsatz „The Intentional Fallacy" von 1954 schrieben Beardsley und Wimsatt diese Schulmeinung fest und diskreditierten die Interpretationskategorie der Autorintention dauerhaft. Damit war es dem Urheber eines Textes unmöglich geworden, sich autoritativ in die Diskussion seines Werkes einzuschalten und gegebenenfalls ein Machtwort zu sprechen. Willkommen war der ‚Selbstausleger' allenfalls noch als *primus inter pares*, als Interpret unter Interpreten, der die Usancen des akademischen Meinungsaustausches beachtete und den Betriebsfrieden nicht störte.

Dieses Mitspracherecht ohne Verstärker erklärt, warum die Lösung des *New Criticism* keine war bzw. nicht mehr als einen Etappensieg in jenem Verdrängungswettbewerb darstellen konnte, in den die bedeutenden Paradigmen der zweiten Jahrhunderthälfte eingetreten sind. Privilegien zu beschneiden und die exegetische Gleichberechtigung zwischen Urheber und Literaturwissenschaftler einzuführen war schön und gut, aber der Traum von der unumschränkten Diskurshoheit war dadurch noch nicht Wirklichkeit geworden, die Sehnsucht, das Sagen zu haben und aus eigener Machtvollkommenheit die richtigen Lesarten zu diktieren, nicht gestillt, die Selbstinthronisierung anstelle eines Abgesetzten weiterhin Zukunftsmusik. Forcierte Zermürbung lautete deshalb das Gebot der Stunde, und Harold Bloom hat diese Strategie mit Hilfe der klassischen Formel des *divide et impera* in die Tat umgesetzt.

Sein neodarwinistischer Revisionismus trägt den Spaltpilz der Theorieproliferation ins oppositionelle Lager und verhilft ihm dort zu explosionsartigem Wachstum, indem er Respekt, Kooperation und solidarisches Verhalten unter Schriftstellern in Abrede stellt und Literaturgeschichte als gnadenlosen Überlebenskampf zwischen *strong poets* und ihren Epheben rekonstruiert. Dieses Jeder-gegen-jeden, so Blooms frohe Botschaft an seine Mitstreiter, macht die Besetzung fremden literarischen Terrains zum Kinderspiel, denn dort sind die Bastionen mit habituellen Streithanseln bemannt, die immer wieder aufeinander losgehen müssen – „wrestl[ing] with their strong precursors, even to the death" (Bloom 1995: 131). In der *res publica litterarum* herrschen Bürgerkrieg (vgl. ebd.: 136) und Autoaggression; die an den Grenzen aufmarschierenden Verbände können ruhig zusehen, wie die Autoren das Überrennen und Niedermachen in eigener Regie erledigen: „Every major aesthetic consciousness seems particularly more gifted at denying obligation as the hungry generations go on treading one another down" (ebd.: 132).

Literaturgeschichte ist fraglos schon in einem freundlicheren Licht erschienen, und das exakte Gegenbild zur Panik des Tottretens findet sich in T.S. Eliots Aufsatz „Tradition and the Individual Talent", in dessen simultanistischem Kosmos der Meisterwerke jederzeit Platz ist für Neuzugänge und ein Rearrangement der Konstellationen. Die Leistungsanforderungen sind hoch, aber es gibt kein Ausstechen und Überstrahlen, weil Fortschritts- und Evolutionskonzepte für Eliot auf die Kunst keine Anwendung finden: „[There] is conformity between the old and the new. [The poet ...] must be quite aware of the obvious fact that art never improves, but that the material of art is never quite the same" (Eliot 1987: 146f.). Bloom begegnet solchen ‚vorläufigen' Einsprüchen – Eliots Essay wurde 1932 veröffentlicht – nicht mit Sachargumenten, sondern einem abkanzelnden Verdikt: „This fiction is a noble idealization, and as a lie against time it will go the way of every noble idealization" (Bloom 1975: 30). Dabei ist die Kombination des Täuschungsvorwurfs mit dem mangelnder Realitätstüchtigkeit besonders pikant, denn Blooms theorieinduzierter Superioritätskomplex ist noch zu ganz anderen Höhenflügen über die Niederungen der Empirie in der Lage.

Daß etwa die Betroffenen unisono wider sein Zerrbild vom Künstler als kreativem Schlageto und Vatermörder Stellung beziehen, ficht ihn nicht an. Schließlich war Entmündigung Ziel der Kampagne, und die Gelegenheit, ihren erfolgreichen Abschluß am lebenden Objekt vorzuführen, läßt der Feldherr nicht ungenutzt verstreichen:

> I take the resistance shown to the theory by many poets, in particular, to be likely evidence for its validity, for poets rightly idealize their activity, and all poets, weak and strong, agree in denying any share in the anxiety of influence. More than ever, contemporary poets insist that they are telling the truth in their work, and more than ever they tell continuous lies, particularly about their relations to one another. (Bloom 1988: 241)

Die Wahrheit ist das Privileg des Theoretikers geworden, der seine trotzköpfig-kindlichen Mündel in väterlicher Milde daran teilhaben läßt. Ja, die Unfehlbarkeit reicht so weit, daß wohl auch der akademische Kollege aus der Literaturgeschichte in Demut sein Haupt senken muß, wenn eine historische Bestandsaufnahme kaum Spuren jenes permanenten Duellismus aufweisen will, der nach Bloom als kraftvoller Motor kultureller Produktivität fungiert. Die von David Hopkins herausgegebene *Routledge Anthology of Poets on Poets* (1994) läßt sich jedenfalls beim besten Willen nicht als Litanei von Kampfansagen lesen. Statt dessen glaubt man die Sitzungsberichte einer altehrwürdigen *mutual admiration society* vor sich zu haben, deren Mitglieder ihre Vorgänger und Zeitgenossen bisweilen bis zur Peinlichkeitsgrenze hochleben lassen, fraglos in der Hoffnung, eines Tages selbst ähnlich spendable Nachrufer zu finden.

Auf die Vivats der Theoretiker und bestallten Interpreten ist allerdings, wie das Beispiel Blooms verdeutlicht, in diesem Jahrhundert zunehmend Verzicht zu leisten. Sie beugen das Knie, schwenken das Weihrauchfäßchen nicht länger, sondern sehen ihre erste Sorge darin, sich der doppelten Aufdringlichkeit von Text und Verfasser zu erwehren. „The function of criticism is to refuse the spontaneous presence of the work" (Eagleton 1996: 326), wiegelt Terry Eagleton ab, und Pierre Macherey ruft die Stoßrichtung des gesamten Unternehmens in Erinnerung, das auf den Austausch der ‚Wortgewaltigen' abzielt:

> It remains obvious that [the work ...] does not contain or engender its own theory; it does not *know* itself. [...] A knowledge of the work is not elaborated within the work, but supposes a distance between knowledge and its object; to know what the writer is saying, it is not enough to *let him speak*, for his speech is hollow. (Macherey 1992: 22)

Machereys in den USA ungleich intensiver rezipierten Landsleuten Roland Barthes und Michel Foucault ging diese ‚Aushöhlung' des Werks und der Autorenkommentare nicht weit genug. Nach Jahrzehnten des Untergrabens, Wegerodierens und der kleinschrittigen Demontage wollten sie endlich Nägel mit Köpfen und kopflose Antagonisten. Barthes' Liquidationsanzeige erschien 1968, im Jahr der Revolte und des Aufbegehrens, und wie die Studenten gegen die politischen Institutionen Sturm liefen, so unternahm es dieser antiautoritäre Theoretiker, das Ancien régime der Literatur vom Sockel zu stoßen und den „Tod des Autors" als *fait accompli* erscheinen zu lassen. Das Vokabular ließ dabei an Eindeutigkeit nicht zu wünschen übrig: Barthes evozierte den Eindruck absolutistischer Willkür – „the image of literature to be found in ordinary culture is tyrannically centred on the author, his person, his life, his tastes, his passions" (Barthes 1988: 168) –, er insistierte auf „desacralization", „destruction", „removal of the Author" (ebd.: 169) und sorgte für die sang- und klanglose ‚Beisetzung' (vgl. ebd.: 170). Als Konsequenz des Königsmords aber stand die große Befreiung der Texte samt Abschaffung der hermeneutischen Deutungsknechtschaft auf der Tagesordnung:

> We know now that a text is not a line of words releasing a single ‚theological' meaning (the ‚message' of the Author-God) but a multi-dimensional space in which a variety of writings, none of them original, blend and clash. [...] There is one place where this multiplicity is focused, and that place is the reader, not, as was hitherto said, the author. (ebd.: 170f.)

Diese Vision einer Entfesselung und Entgrenzung des Diskurses – „the free circulation, the free manipulation, the free composition, decomposition, and recomposition of fiction" (Foucault 1988: 209) – teilt auch Michel Foucault, der seinen nicht minder folgenreichen Essay „What is an author?" ein Jahr nach der Todesanzeige Barthes' erscheinen läßt. Auslöser ist ein Gefühl des Ungenügens, die jakobinische Befürchtung, der Denkmalssturz sei möglicherweise zu nachlässig vollzogen worden und die ‚Entweihung' des alten Idols auf halbem Wege stehengeblieben: „It is not enough, however, to repeat the empty affirmation that the author has disappeared" (ebd.: 200). Möglicherweise lebe die verhaßte Autorität unter dem Deckmantel von Ersatzbegriffen weiter und blockiere damit das freie Spiel der Zeichen immer noch, „[restricting the] space into which the writing subject constantly disappears" (ebd: 198).

Ein Blick in die Geschichte soll die bösen Ahnungen zerstreuen. Die Analyse läuft, grob gesagt, darauf hinaus, daß der Autor nicht mehr darstellt als ein Namensschild, eine Etikettierung, die es erlaubt, im Gewusel der Diskurse eine gewisse Übersichtlichkeit und Ordnung herzustellen und Textcorpora zu bilden. Diese ‚Autor-Funktion' (ebd.: 202) sei geschichtlich variabel, und während im Mittelalter die literarischen Veröffentlichungen anonym erfolgten und die wissenschaftlichen beglaubigend mit dem Namen einer Autorität gegengezeichnet wurden, kehrte sich diese Konvention nach Foucault im 17. und 18. Jahrhundert um. Ein derartiger Befund ist in doppelter Hinsicht zweckdienlich. Erstens ‚entleiblicht' er den Verfasser zu einem Erkennungszeichen auf Buchrücken, zu einem klassifikatorischen Konstrukt, dessen sich die Gesellschaft nach Gutdünken in diesem oder jenem Sektor der Kulturproduktion bedient, und zweitens zeigt das Umkippen der Konventionen, daß der literarische Autor ein relativ neues, ephemeres und instabiles Gebilde darstellt, an dessen Fortexistenz schon aus systemimmanenten Gründen gezweifelt werden darf.

Diese Argumentation hat Eindruck gemacht und ist immer wieder aufgegriffen worden. Allerdings konnte sich Foucault, nicht anders als sein Weggefährte Barthes, die Rückendeckung der Geschichte nur um den Preis der Auslöschung ihrer Zeugnisse erkaufen. Die These von der Namenlosigkeit der Literaten im Mittelalter und in der frühen Neuzeit ist in ihrer Unhaltbarkeit nämlich schon für Erstsemester durchschaubar, weil Autorenpersönlichkeiten wie Hartmann von Aue, Dante, Chaucer oder Cervantes nicht die geringste Neigung zu demütiger Selbstanonymisierung erkennen lassen. Entsprechend kann Willie van Peer am Ende seiner kritischen Auseinandersetzung „das Scheitern der poststrukturalistischen Illusionen an den empirischen Beobachtungen" (van Peer 1999: 114) konstatieren und uns im Gegensatz zur theoretischen Geschichtsklitterung die Tatsache in Erinnerung rufen, daß die Autorfunktion in Schriftkulturen „eine anthropologische Konstante" (ebd.) darstellt.

Auch dem Totenschein bleibt folglich das Schicksal der ‚ausgewiesenen Experten' nicht erspart. Als hätte sich die Sprache gegen ihre selbsternannten Befreier verschworen, kehrt sie ihnen das Wort im Munde um und verwandelt das Zertifikat, welches ein Ableben besiegeln soll, in das Dokument einer nur behaupteten, einer zum eigenen Vorteil unterstellten Leichenstarre. Und der Schein des Todes weicht denn auch wie ein böser Spuk, sobald der theoriefixierte, paradigmengebannte Blick in Bewegung gerät und das Spiegelkabinett der Selbstreferentialität Sprünge bekommt. Draußen, will sagen in der Interpretationspraxis der Literaturwissenschaften, ist der Autor nach wie vor eine feste Größe (vgl. Jannidis/Lauer 1999: 3), so daß der konzeptuelle Überbau der Disziplin quer steht zu ihren Alltagsgeschäften. Eine ganz ähnliche Gegenläufigkeit ist übrigens in Gestalt der feministischen Literaturtheorie auch auf der Chefetage selbst auszumachen, „denn gerade als der Tod des Autors ausgerufen worden war, entspann sich eine sehr lebendige Diskussion um die Autorin, die in Geschichte, Wertung und Rezeption von Literatur immer schon vergessen und auch ausgelöscht worden war" (Nieberle 1999: 271). Und die öffentlichen Umgangsformen schließlich lassen sich nur als eine kontinuierliche Falsifikation, als unbekümmerte Absage an die esoterischen und eigenbrödlerischen Annahmen des akademischen Abolitionismus begreifen:

> It is an interesting and significant fact that at the very moment when poststructuralist academic criticism has been proclaiming the Death of the Author as a theoretical axiom, an unprecedented degree of public attention has been focused on contemporary authors as living, breething human beings. (Lodge 1996: 14)

Diese neuerliche Personalisierung des Literaturmarktes hat David Lodge in „The Novelist Today" aus der Perspektive des Betroffenen beschrieben, und wenn man seinen, die Lust am Erfolg keineswegs schamhaft verschweigenden Erfahrungsbericht mit den blutleeren Versuchen von Meisterdenkern vergleicht, das gesamte Metier aus der Welt zu vernünfteln, könnte man glauben, die Verlautbarungen stammten von unterschiedlichen Planeten. Trotzdem wird das Projekt, das die Theoretiker auf Kollisionskurs mit den Sicht- und Verhaltensweisen breitester Leserschichten, in Frontstellung zur Interpretationspraxis ihrer eigenen Disziplin, ja, über die Emanzipation der Autorin in Konflikt mit sich selbst gebracht hat, unbeirrbar weiterverfolgt. Das ist nur zu erklären, wenn der Argumentationsgewinn im Endeffekt all die Konsistenzverluste und Ungereimtheiten aufwiegt, die für die ultimative Prämie in Kauf genommen werden. Der zweite Akt des Trauerspiels, das auszusitzen wir uns vorgenommen haben, bringt diese offenbar unwiderstehliche Verlockung auf die Bühne.

2.2 Erbengemeinschaft Ecriture

Als die iranischen Mullahs im Februar 1989 mit dem Tod des Autors Ernst machten und die *Fatwa* über Salman Rushdie verhängten, beriefen sie sich auf den Willen Allahs und nicht auf die amerikanischen Poststrukturalisten, die ihrerseits jede Form der Geistesverwandtschaft mit Fundamentalisten und Offenbarungsgläubigen empört von sich gewiesen hätten. So brutal halsabschneiderisch war das alles nicht gemeint gewesen, und ihre drastische Hinrichtungsmetaphorik hatte ja nachweislich nie einem lebendigen Autor auch nur ein Haar gekrümmt. „The claim that the author has been abolished", folgert Cedric Watts aus dieser Unbedenklichkeitserklärung, „only makes sense as a melodramatic way of recommending that the author should be totally disregarded when his works are being read and discussed." Und er fährt fort:

> Critics who make this claim fall into multiple self-contradiction, for they take care to sign their works and to advertise their *oeuvre*, and their discussions of texts inevitably take note of biographical and related historical information. [...] If we ignore the author, we destroy the basis for proper comprehension and evaluation of the work. (Watts 1983: 27)

Letzteres mag sein, wie es wolle, jedenfalls schafft die Tabularasa-Operation für die Dekonstrukteure selbst die Grundlage für eine bemerkenswerte Beförderung. Ein vakanter Schrein will, ist schon bei Matthew Arnold nachzulesen, wieder mit Verehrungs- oder sogar Anbetungswürdigem gefüllt werden, ein abgeräumter Denkmalssockel provoziert wie von selbst das Durchspielen statuarischer Posen, und wenn man es recht bedenkt, stand oben auf der kollektiven Abdankungsurkunde schon der Name der neuen Majestät.

Die Vorgeschichte dieses Thronfolgers ist wenig glanzvoll, lebte er doch Epochen lang vom Widerschein und also in der Reflexion. Schon Eratosthenes, Erster in der Bibliothek von Alexandria, hatte den Beinamen ‚Beta', der Zweite, weil er zusammentrug, katalogisierte und abrufbereit hielt, was durch keine Systematik, durch keinen kompilatorischen Fleiß in die Welt zu bringen war (vgl. Schlaffer 1990: 216). Nachträglich waren diese Existenzen, und das färbte ihr Naturell unmerklich und über die Jahrhunderte ein, bis es nachtragend und der ewigen Zurückstellung überdrüssig geworden war. „When he looks back", konstatiert George Steiner in *Language and Silence* „the critic sees a eunuch's shadow. Who would be a critic, if he could be a writer? [...] The critic lives at second hand" (Steiner 1977: 3).

Aber war dieses Nachordnungsverhältnis denn festgeschrieben bis ans Ende der Zeiten? Mußte man dem „inferiority complex so endemic to a profession which writes books about books" (Hartman 1975: xiii) wirklich Therapieresistenz bescheinigen? Die Theorie der zweiten Jahrhunderthälfte formuliert ein lautstarkes Nein, und zwar aufgrund der schlichten Überlegung, daß sich dort, wo das Primäre nicht mehr existiert, die Probleme des ewigen Zweiten umgehend in Wohlgefallen auflösen. Wer das Genie abräumt, schafft Platz für Talente, wer schöpferische Höchstleistungen zu bloßen Interferenzen selbstbewegter Zeichenströme verkleinert, leistet den Konfusionen des Mittelmaßes oder der Vermessenheit Vorschub, wer die Kunst nicht mehr mit der Überforderung beginnen lassen will, der hat sie schon zugunsten einer lässigen Professionalität korrumpiert.

„The annexation of the living arts and literatures by the scholastics is a fascinating story" (Steiner 1989: 30), bemerkt Steiner an anderer Stelle, aber die Faszination entspringt nicht zuletzt dem Erschrecken über immer rabiatere Formen des Textumgangs, die sich als *misreading* oder „re-handling" bezeichnen und ihrer Vorlage, ohne mit der Wimper zu zucken, Gewalt antun: „blatantly reworking the authoritative text so that it is forced to yield, against the grain, explicitly oppositional kinds of understanding" (Sinfield 1992: 22). Schon in den frühen 70er Jahren hatte Barthes unter dem Stichwort *jouissance* unumwunden zu einer sadistischen Lektüre aufgerufen: „Die Arbeit des Kommentars besteht [...] gerade darin, den Text zu *mißhandeln, ihm das Wort abzuschneiden*" (Barthes 1976: 19), und seine einschlägigen Interpretationen wie *S/Z* oder die Lektüre von Poes „Valdemar" (vgl. Barthes 1988: 172ff.) haben vor allem an amerikanischen Universitäten Schule gemacht. Die neue Hierarchie von Quälgeist und Opfer ist dabei an die Stelle der alten Unterordnung des Deutens unter das Gedeutete getreten.

Der Rollentausch, die Beerbung, der Aura-Transfer zwischen den Eliten, um die die Theoriedebatte und die *theory wars* der letzten Jahrzehnte unablässig kreisen, waren nämlich nicht zu bewerkstelligen, solange neben dem toten oder öffentlich herabgesetzten Schriftsteller die zweite Quelle einer jahrtausendealten Hochachtung und Verehrung einfach weitersprudelte: der Zauber seiner unverwechselbaren Sprache, die alterslose Frische und Brillanz eines einzigartigen Mediums. In ihm stand der Autor Satz für Satz, Strophe um Strophe, mit jedem Prolog und in tausend Metaphern und Bildern wieder auf, und deshalb mußte auch die glanzvolle Expressivität der Literatur so lange angeschwärzt werden, bis sie im Grau-in-Grau der Umgangssprache verschwand. Das Auswaschen der – vormals selbstverständlichen – Differenzqualität besorgte die Gleichmacherlauge der *écriture*, auf die die Theorie immer dann zurückgriff, wenn es ihr zu bunt wurde.

Mit der Zauberformel des *linguistic turn* verwandelt sich die Welt in ein Zeichensystem, bei dem das Sprachmodell de Saussures Pate gestanden hatte, so daß es ohne Systemtranszendenz und ontologische Verankerung auskommen mußte. Wirklichkeit wurde nicht mehr durch Zeichen und Symbole abgebildet, sondern deren eigenwilliges Zusammenspiel erzeugte in naiven, vortheoretischen Gemütern den Eindruck eines handgreiflichen Da-draußen. Die von sich selbst aufgeklärte Postmoderne wußte es besser. Das „prison house of language" (Frederic Jameson) hatte keine Fenster, und über seine Wände, die keine Wände waren, irrlichterte in Flammenschrift das Dogma des Jacques Derrida: „Il n'y a pas de horstexte." Alles ist systemimmanent, ist gleich, da (kon)textualisiert.

In der Einleitung zu *Critical Theory since 1965*, einer der besten Dokumentationen aktueller Theorieentwicklung, kommt Hazard Adams auf diese Tendenz zur Monadisierung und Selbstabkapselung zu sprechen und erklärt: „Linguistic culture is now a gigantic solipsism, which is secure as long as it is also declared that there is nothing beyond" (Adams/Searle 1986: 18). Aber um der erfolgreichen Homogenisierung des Innenlebens willen wird der Preis Berkeleyscher Absurditäten gern entrichtet. Die Zellen im Hochsicherheitstrakt der Sprache mögen groß sein oder klein, luxuriös oder spartanisch ausgestattet, im Keller oder direkt unter dem Dachstuhl gelegen, in jedem Fall sind sie von derselben Personengruppe belegt und beherbergen Gefangene, die auch noch die gleiche Anstaltskleidung tragen. Und auf eben diese Uniformierung kommt es der literaturtheoretischen ‚Verzeichnung' von Wirklichkeit an, denn wie Individuen im Gefängnismilieu ununterscheidbar werden, so gilt auch für die literarischen Subsysteme von Sprache: „Everything disappears into the monolithic term *écriture*" (ebd.: 15) oder im Klartext: „Literature, as a special kind of writing, does not exist" (Bennett 1990: 140).

Damit ist es Zeit für jenes beispiellose Münchhausenmanöver der Zunft, mit dem sie sich an den eigenen Haaren wieder aus dem Einheitsbrei herauszieht und die Nivellierung der Zeichenströme wie selbstverständlich einmünden läßt in eine Reprivilegisierung und Selbstpoetisierung des theoretischen Diskurses. Die ganz eigentümliche Logik des Willens zur Macht verfällt dabei auf folgende Erklärung: Mit der Auflösung von Literatur in *écriture* werden ihre traditionellen Prädikate freigesetzt, denn der Träger der Distinktionen ist verschwunden. Allerdings ist die Auratisierung der Meisterwerke nicht vom Himmel gefallen, sondern die Auszeichnungen wurden verliehen, das Lob gespendet. Von wem? Von den Interpreten, der Kritik und den prä-postmodernen Kunsttheorien, die das emphatische Vokabular entweder entwickelt oder appliziert hatten. „The ‚literariness' of literature", hält Andrew Milner fest, „is not a property of a certain kind of writing, but rather a function of the ways in which different kinds of writing are socially processed" (Milner 1996: 22). Wenn das Zuweisungsobjekt nicht mehr auffindbar ist, hat die zuweisende Instanz deshalb jedes Recht, die Wertmarken zurückzurufen und sich selbst anzuheften, denn ‚verleihen' kann man, wie das Wort schon sagt, nur etwas, was man selbst besitzt. ‚Literarizität' war mit anderen Worten immer schon ein Adelsprädikat von des Kommentators Gnaden – „‚Literature' is only created *by* criticism [...] is made in the image of the criticism that regards it" (Widdowson 1999: 37) –, und es fällt an ihn zurück, wenn der Nobilitierte – siehe ‚Tod des Autors' – verblichen ist.

Möglicherweise versteht man jetzt, warum *vertigo*, der Schwindel, zur Lieblingsvokabel der Poststrukturalisten aufrücken konnte, liefert diese ‚Beweisführung' doch verläßliche Auslöser und Schlüsselreize dafür. ‚Logozentrismus' kann man ihr wahrhaftig nicht nachsagen und deshalb hier gleich ein zweiter Erlebnisbericht von der argumentativen Achterbahnfahrt zu den „severe poem[s]" (Bloom 1995: 136) der Theorie-Avantgarde:

> The revolutionary critics who reject such subservience see their own work as possessing the attributes others would confine to poetry, matching or improving upon poetry's self-deconstructive powers. One might even argue that such critics thrive the more as the fortunes of poetry decline. As poems, now denied elite status, dwindle into the common level of writing decreed for them by recent theory, the ambition of criticism can grow proportionally. A classless democracy of texts is encouraged when the nobility of poetry sheds its ennobling characteristics. But now writers of criticism may try to pick those characteristics up. [...] Critics can hold their own ground while usurping the poets'. (Krieger 1981: 43f.)

Wie ernst insbesondere die *Yale deconstructionists* ihre literarischen Prätentionen genommen haben, zeigen nicht nur Verlautbarungen wie: „Criticism cannot be judged inferior to creative writing. [...] Lowering criticism to a service function, [...] must eventually demoralize us all" (Hartman 1983: 94) oder die hoffnungslos arrogante Umkehrung Paul de Mans: „Poetry is the foreknowledge of criticism" (ebd.: 105). Vielmehr gibt es zahlreiche Versuche, die Poetisierung und Literarisierung des theoretischen Diskurses auch exemplarisch vorzuführen. Das Werk Derridas wird in diesem Zusammenhang immer wieder als maßstabsetzend genannt und Geoffrey H. Hartman, der den Vergleich mit James Joyce nicht scheut, hat Derrida in einer eigenen Monographie – *Saving the Text. Literature/Derrida/Philosophy* (1981) – sein Hoheslied gesungen. Ihab Hassans Publikationen wie *Paracriticisms* (1975) oder *The Right Promethean Fire* (1980) sind schon aufgrund ihrer typographischen Gestaltung als Produkte ambitionierter Grenzgängerei zu erkennen. Und wer sich einen weniger zeitaufwendigen Einblick in die stilbildende Hybridität zeitgenössischer Wissenschaftsprosa verschaffen möchte, dem seien als Anschauungsmaterial Millers Aufsatz „The Critic as Host" (1976) sowie Geoffrey H. Hartmans programmatische Essays „Literary Commentary as Literature" (1981) und „Tea and Totality: The Demand of Theory on Critical Style" (1984) empfohlen.

Eine intensivere Beschäftigung erfolgt auf eigenes Risiko, wächst sich fast zwangsläufig zur Strapaze aus und führt auch dem langmütigsten Leser in ungewohnter Eindringlichkeit seine Frustrationsgrenzen und Toleranzschwellen vor Augen. Selbst theoretisch Initiierte geben in diesem Zusammenhang zu, der Ersteindruck etwa bei der Lektüre von Barthes' *S/Z* sei „unintelligibility" (Goodheart 1984: 85), und sogar in Hartmans Derrida-Eloge finden sich Stolpersteine wie: „The pages of *Glas* ruin words, in fact. There is a sense of débris" (Hartman 1981: 7), wobei das Trümmerfeld in „Literary Commentary as Literature" noch zu expandieren scheint: „If the essay is indeed an intellectual poem, it is unflattering to observe that very few such poems exist in the sphere of literary or cultural criticism" (Hartman 1986: 348). Angesichts des Ausstoßes an theoriegesättigter Sekundärliteratur läßt der hier konstatierte Mangel an Gelungenem automatisch auf ein Übermaß prätentiöser Fehlleistungen schließen, aber es nimmt doch wunder, wie ausnahmslos der abfällige Ton, den die Satire Adairs anschlägt, auch die interne Diskussion um die Leistungsfähigkeit ‚reliterarisierter' Theorie bestimmt.

Angesichts der Flut von Nachahmungstätern, die mit Titeln wie *Saint-Trope* oder *The Gentrification of the Void* auf den fahrenden Zug aufspringen, sieht sich der Großtheoretiker Sfax zu dem Eingeständnis gezwungen, ihre Darlegungen seien „[even] more unreadably rebarbative than anything I myself had written in *The Vicious Spiral*" (Adair 1993: 33). Dieses Urteil einer Karikatur, das der Leser gleichfalls für überzeichnet halten möchte, spiegelt nach Ansicht namhafter Kritiker die Praxis postmoderner Theoriebildung exakt wider, vielleicht auch, weil sie, ohne es zu bemerken, zum

Zerrbild ihrer eigenen Ansprüche geworden ist. „Anyone presuming to review works of modern literary theory must expect to be depressed by an encounter with large quantities of deformed prose" (Kermode 1990: 119), konstatiert Frank Kermode in *The Uses of Error* und schließt sich damit der Diagnose William E. Cains an. Der hatte schon einige Jahre zuvor in *Crisis in Criticism* die Zeichen der Zeit erkannt und sich Gedanken über die Auslöser und die verstärkenden Faktoren der Metamorphose von Literaturkritik zur Kritikerliteratur gemacht:

> A disturbing trend in literary theory has been the emphasis on ‚creative' style. [...] Theorists who write in a so-called ‚creative' style nearly always write ineptly and obscurely, and unfortunately are not obliged to do better. As academic celebrities, they have gotten ‚beyond' serious criticism and standards, and so the army of explicators rushes to admire and unravel their knotted prose even though it does not merit such close attention. Theoretical writing of this kind exhibits a failure of self-consciousness (despite advertising itself as self-conscious in the extreme), and it also reflects a fear of making statements that someone might actually absorb and evaluate. (Cain 1984: xiv)

Aus Cains Blickwinkel hat sich eine Literaturwissenschaft und Literaturtheorie, die sich „als eigenständige Form figurierender Kreativität" (Schlaeger 1986: 27) begreift und in einen Wettstreit mit der Kunst eintreten will, in grotesker Weise überfordert und übernommen. Beliebige Stichproben belegen die Unfähigkeit, den Fehdehandschuh selbst jener Dichter, Erzähler und Essayisten aufzunehmen, die in der Literaturgeschichte des 20. Jahrhunderts nicht zur ersten Garnitur zählen: „The verdict lies, however, in the results that ‚creative' critics have produced so far – mostly cant and obscurity" (Cain 1984: 244). Dieses Scheitern hängt auch mit der postmodernen Überheblichkeit gegenüber all dem zusammen, was im Schöpfungsprozess Gabe und Glücksfall und also unverfügbar ist. Wer die Erinnerung Shelleys aus seiner *Defence of Poetry*: „A man cannot say, ‚I will compose poetry'" mit dem Aufstampfen des

Machthabers beiseite wischt, wer sich als Herr der Sprache und seiner Textverarbeitungsprogramme erlebt, der wird von den Regionen künstlerischer Mimesis nicht einmal als Transitreisender erzählen können, dafür aber im Lande Mimikry im Handumdrehen zu den Honoratioren rechnen. Zu ungeduldig und zu ehrgeizig für die ‚Fremdbestimmung' der Inspiration muß er sich, nein, nicht mit einer Schwundform zufriedengeben, sondern wird auf Gedeih und Verderb – und damit schließt sich der Kreis – einer Karikatur ausgeliefert sein:

> Creativity is not simply achieved by letting the mind wander [though it] is surely needed in criticism and is to be valued there – but that cannot mean that the critic is free to say what he will and that we cannot evaluate whether what he has said makes any sense. To be creative is not to let one's imagination run free: it is to use the imagination *productively*. The very notion of creativity is degraded when it is thought of as operating randomly. (Ellis 1989: 134)

Die Ersetzung des sorgfältig auskomponierten Einfalls durch den freien Fall der Assoziation, der produktiven Idee durch ein fahriges Zusammenstückeln von möglichst weit hergeholten Thesen und zurechtgebogenem Beiwerk ist entsprechend häufig zu beobachten. Als *bricolage* und Bastelei mit den höheren Weihen Michel Foucaults versehen, sorgt diese Blender-Technik für Pseudotiefgang und die Nebelbänke schlechter Metaphysik. In seiner „Presidential Address" von 1986 nimmt J. Hillis Miller so ganz gedankenverloren ein Buch in die Hand und knüpft vor der Crème der Modern Language Association gewundene Überlegungen daran, deren höherer Schwachsinn zu unser aller Nutz und Frommen in dem Tagungsband archiviert ist, den Miller – wie alle Druckerzeugnisse – für theoretisch unlesbar erklärt:

> Perhaps the closest we teachers of language and literature can come in our everyday work to glimpsing what we have erased, forgotten, or even forgotten that we have forgotten is in that most ordinary of experiences for the literary scholar, the act of holding a book in one's hand and reading, that is, confronting

face to face the materiality of the inscription. The trouble is that the inscription makes the matter invisible once more. We do not see the paper for the words. Another way to put this is to say that reading is always theoretical. Theory, even a theory of the material base, is precisely a clear seeing that turns the material base, this particular piece of paper here and now, into a generalized and generalizable abstraction. The triumph of theory is the resistance to reading in the sense that theory erases the particularity of the unique act of reading, but reading itself is always theoretical in the sense of performing the erasure and forgetting before we know what is happening and without our being able to know. So even the most vigilant and theoretically enlightened reading is the resistance to reading. (Miller 1991: 324)

Das mag als Anschauungsunterricht genügen, und wer ihm schon nach ein paar Zeilen nicht mehr folgen kann, der nehme diesen intuitiven Widerstand als gutes Zeichen und Beweis dafür, daß er noch alle Sicherungen im Kasten hat. Übrigens verfangen auch Hinweise auf literarische Kompositionstechniken wie *automatic writing* oder dadaistische Sprachexperimente nicht, die für die dekonstruktivistische Prosa bisweilen in eine Patenrolle gedrängt werden, denn zum einen kam Dada selbstironisch und frivol daher, die Theorie aber nimmt sich noch in ihrer angestrengten *playfulness* bierernst, zum anderen war die *écriture automatique* der Surrealisten eine Sonde ins Unterbewußte und kein Mittel zur Tortur der übrigen Bewußtseinsschichten.

Systemimmanent stellt sich die Sache natürlich ganz anders dar. Dort steht felsenfest, daß Literatur keinen Sinn macht, sondern ihn über den Verweisungscharakter der Zeichen und ihre *différance* immer nur vergeblich versprechen kann. Angesichts ihrer permanenten Vertröstungen darf sich Theorie und Literaturkritik gleichfalls nicht sinnreich überheben. Auch sie arbeitet auf – ungedeckten – Kredit und schlägt ihr Kapital aus Aporie und Absenz. Wer als geistesgegenwärtig gelten will, beschwört die Abwesenheit aller Wahrheiten und entbindet sich damit von der Verpflichtung, andere mit zwingenden Argumenten von ihnen zu überzeugen. Wo es intersubjektiv aber nichts mehr zu begründen gibt, bleibt als Durchsetzungsverfahren nur noch das Imponieren, und diese Tatsache dürfte den entscheidenden und logischen Grund dafür liefern, warum die Postmoderne die Logik verabschiedet und die skizzierten Stileigenheiten ausgebildet hat, die sämtlich auf intellektuelle Einschüchterung und Unterwerfung des Adressaten abzielen:

> The jargonish fallacy [...] occurs when a critic claims or implies that to use a very difficult or obscure mode of expression is to demonstrate one's integrity (for one thereby opposes the conventional and therefore the ideologically conservative), whereas to express oneself clearly and intelligibly is to compromise with the conventional and therefore support the bourgeoisie. [... This] systematic use of jargon is a common mode of intimidation of the many by elites of one kind or another, for it creates the illusion of expert knowledge. (Watts 1983: 31f.)

Nur so war der größte anzunehmende Betriebsunfall zu verhindern, nämlich das Überspringen der Furie des Verschwindens von Autor und literarischem Text auf den Exegeten selbst. Eigentlich lag ein solcher Dominoeffekt in der Natur der Sache, denn die Kommentatoren hatten ihren Status als Zweitbeste und Vermittler immer von diesen beiden Überlegenheiten abgeleitet. Gaben sie die traditionelle Legitimationsstrategie auf, gerieten sie in das Dilemma, als Dekonstruierer und Sinnentzieher gerade aus Bedeutungsdrainagen Bedeutung generieren zu müssen. Diese Quadratur des Zirkels gelang allein über die fieberhafte Entwicklung einer Fachterminologie und Fachsprache, die verschleierte, daß jedes Kind Wertvolles verkennen und Schönes entstellen kann, aber nur Ausnahmepersönlichkeiten es in die Welt zu setzen vermögen. Eine immer gespreiztere, hermetischere, selbstverliebtere Wissenschaftsrhetorik berauschte sich daran, der Kunst über den Mund zu fahren und den Uninitiierten und Laien gleich mit, die der „professional mystique" (Parrinder 1991: 273) jetzt mit eben jener Ehrerbietung zu begegnen hatten, die die Literatur nicht mehr verdiente.

„Self-indulgent misuse of the artist's words for the purpose of theoretical showmanship" (Cain 1984: 102) macht William E. Cain den Fachvertretern zum Vorwurf und liest ihnen die Leviten:

> The literary texts are being slighted or ignored; theorists are spinning out their dizzying flights of fancy while refusing to descend to textual practice and all of us – so we say in embittered moments – are grinding out books and articles while paying no attention to the needs of students. (Ebd.)

Auf eine Kurzformel gebracht lautet der Befund: „The discipline is racked by abuses" (ebd.). Roger Willemsen hat ihn in seiner galligen Polemik „Tragödien der Forschung. Über eine Literaturwissenschaft ohne Literatur" so ins Deutsche übersetzt: „Diese Wissenschaft ist eine Form, Literatur zum Verschwinden zu bringen und zugleich jene Fähigkeiten zu maßregeln, die sie hervorbringen und verstehen" (Willemsen 1992: 53). Aber auch wenn solche Jeremiaden die Ohren klingen lassen, wäre eine krampflösende Heiterkeit vielleicht die bessere Medizin. Die Postmoderne verabreicht sie wider Willen und in hohen Dosen.

Damit der Adamsapfel hüpft, muß man sie nur an ihren eigenen Ansprüchen messen. „The literary", lautet die entsprechende Maxime, „has migrated from being the object of theory to being the quality of theory itself" (Culler 2000: 286). Nur hat es bei der unterstellten Geschlechtsumwandlung der Theorie in Poesie nicht einmal bis zum Transvestismus gereicht. Nicht aufgedonnerte belletristische *drag queens* treten vor uns hin, sondern kleine angegilbte Gelehrtengesichter verlieren sich in riesigen Rüschenkragen, die verkrumpelten Hosenbeine könnten gleich ein halbes Dutzend Zwergenschenkel fassen, und die Händchen haben Manschetten, sich bis zum Ende blütenweißer Hemdsärmel vorzuarbeiten. Nein, über den Laufsteg schreiten nicht die legitimen Nachfahren eines Sir Philip Sidney, Lord Byron, Sebastian Melmoth (alias Oscar Fingal O'Flahertie Wills Wilde) oder des Ex-Dubliner Couturiers

James Joyce; dort werden vielmehr Übergrößen von Zu-kurz-Gekommenen vorgeführt, schleifen formlose Kleiderbündel vorüber, in denen ohne Rücksicht auf Verluste die kostbarsten Stoffe mit billigstem Theorieflitter verkurbelt sind. Es ist ein Anblick, bei dem man Tränen lachen möchte.

2.3 Zeichen und Wunder

Vorhang auf zum dritten Akt. Nach allem, was von den Proben durchgesickert ist, bringt er die Apotheose. Im ersten Aufzug hatte „the theory of authorial irrelevance" (Hirsch 1967: 2) den Literaten mit Schimpf und Schande von der Bühne vertrieben. Dorthin zurückkehren durfte er nur, wenn er sich aller Eloi-Grazie entschlug und als Morlock unter Morlocks über die Bretter polterte. Im zweiten Akt war die Auflösung der Literatur im Säurebad der *écriture* zu bestaunen, und die Zuschauer sahen sich mit der Erkenntnis in die Pause entlassen, daß die Stimme eines Baudelaire, Browning oder Benn immer schon tonlos gewesen ist. *„Im Text"*, wirft sich Barthes ins Kursiv, *„spricht allein der Leser"* (Barthes 1976: 152). Natürlich ist damit der theoretisch geschulte, professionelle Leser gemeint. Und warum dessen vorlautes Palaver bis zum Sankt-Nimmerleins-Tag nicht mehr verstummen wird, lernen wir jetzt.

Geschrieben steht qua Regieanweisung, daß die postmoderne Theorie unüberholbar sei und ihr selbst das Schicksal, das sie der Kunst und den Künstlern bereitet hat, nicht blühen könne. Keine einfache Schutzschicht umgibt ihre Diskurse wie Siegfried das Drachenblut, nein, das Corpus der Kommentare und Metakommentare ist gleich vierfach falsifikationsgeschützt und damit – jedenfalls aus der Sicht der Betroffenen – auf beruhigendste Weise auf Dauer gestellt. Was da in der zweiten Jahrhunderthälfte vom postmodernen Stapel gelassen wurde, ist unsinkbar geworden wie die Titanic.

Die einfachste Methode, um das Theoriegefährt, zu dessen Kreuzfahrten sich die *fellow travellers* drängen, langfristig wasserdicht zu halten, wäre die Abschaffung der Eisberge, will sagen, das Ausschließen jeder Möglichkeit, mit literaturwissenschaftlichen Hypothesen aufzulaufen. Auf dem Papier ist das kein Problem. „Some theories just don't allow for rebuttal", notiert Mark Edmundson (1996: 236), und zu solchen Forschungsprogrammen mit schweren methodischen Anomalien gehören derzeit fast alle hoch gehandelten literaturtheoretischen Ismen. Daß die *Postcolonial Studies* an einem beliebigen Kipling-Text kein gutes Haar lassen werden, ist ebenso klar wie der umgekehrte Fall, der eintreten muß, sobald Feminismus und *Gender Studies* Blickkontakt mit der Säulenheiligen Virginia Woolf aufnehmen. Für den *New Historicist* ist ein literarischer Text, der von keinen ‚sozialen Energien' durchpulst wäre und sich nicht im Spannungsfeld der Macht verorten ließe, schlicht undenkbar. Käme ihm ein solches Unikum, eine solche Monstrosität unter die Finger, könnte er sie nicht einmal als Gedicht oder Dramenfragment identifizieren. Daraus folgt, daß die Ergebnisse dieser Untersuchungen in hohem Maße prognostizierbar sind und daß die Paradigmen dazu tendieren, sich ihre dogmatisch vorausgesetzten Grundannahmen *ad nauseam* durch eigene Analysen bestätigen zu lassen. Das mag dem Selbstwertgefühl förderlich sein, der kognitive Ertrag auch weitschleifiger und weitschweifiger Tautologien allerdings tendiert gegen null, was insbesondere dem Poststrukturalismus immer wieder vorgehalten worden ist:

> Just as the New Critic knows in advance that all literature manifests the ‚language of paradox' and thus can read virtually any text as an instance of this characteristic, the deconstructive critic, knowing in advance that all literature is by definition ‚about' its own textual problematics, can generate a new reading of any text whatsoever. (Graff 1979: 146)

Hier zeigen sich zugleich die Aktiva und Passiva des Aufstands gegen Fremdautoritäten. Der Erfolg der Revolte hat jeden Einspruch gegen die eigene Vorgehensweise unmöglich gemacht; der literarische Text ist von der äußersten Willfährigkeit eines anästhesierten oder komatösen Patienten und läßt alles, gleich ob chirurgischen Eingriff oder Körperverletzung, über sich ergehen. Auf der anderen Seite ist aber auch jeder über das Bewußtlos-Somatische hinausgehende Informationsaustausch abgeschnitten. Es gibt den Zugriff des Spezialisten – oder des Hooligan –, aber außer der ununterbrochen signalisierten Wehrlosigkeit bleibt jede Rückmeldung, jede echte Interaktion aus. „The deconstructive method works", schreibt Abrams (1988: 273), „because it can't help working; it's a can't fail enterprise." Die Operationen gelingen mit anderen Worten am laufenden Band und um die Wette, denn es gibt keine Nachsorge und keine Überlebensstatistik. Es gibt nicht einmal Patienten, denn der Text hat, wie wir im zweiten Akt vorgeführt bekommen haben, kein An-sich. Er ist Projektionsfläche der eigenen Allmachtsphantasien, Membran eines repetitiven, sich zunehmend schematisierenden und in seiner eigenen Formelhaftigkeit erstarrenden Monologs: „Our critical theories are wonderfully true because they are self-fulfilling prophecies" (Girard 1989: 242).

Die Korrespondenztheorie der Wahrheit, die von einer fortschreitenden Paßgenauigkeit zwischen Empirie und ihrer wissenschaftlichen Rekonstruktion ausgeht, weil Modelle am Widerstand der ‚Gegebenheiten' scheitern können, findet – welchen Zuschauer könnte das im Schlußteil der Inszenierung noch überraschen – auf der Bühne und im Ensemble schon lange keinen Fürsprecher mehr. Wahrheit ist als metaphysisches Relikt ohnehin nicht diskursfähig und Korrespondieren da ein unsinniges Desiderat, wo der theoretische Autismus jeden Außenreiz abblockt. Daß seine Allwissenheit steril ist, treibt ihn nicht um. Aber selbst in dem hermetisch geschlossenen Kosmos des Von-vornherein-im-Bilde-Seins eröffnen sich noch Falsifikationsmöglichkeiten, deren Nutzung verhindert werden muß.

Wissenschaftliche Theorien räumen in der Regel ein doppeltes Vetorecht ein. Ihr Objektbereich darf mit ‚Unerklärbarkeiten' gegen sie zeugen, und auf der Theorieebene selbst können Kritiker den Finger auf logische Inkonsistenzen und interne Ungereimtheiten legen. Ein ernstzunehmendes Modell arbeitet mit – auch untereinander – stimmigen Definitionen und hält seine Grundannahmen konstant. Wie anders erscheint die Situation im vorliegenden Fall. Keines der rivalisierenden Paradigmen ist durchaxiomatisiert, jedes vielmehr selbst ein – oft als heimeliger Zufluchtsort erlebtes – Nest von Widersprüchen wie: Es gibt keinen Autor, es sei denn, er setzt alle übrigen Autoren ab. Der Leser ist souverän, aber andererseits selbst ein Ensemble von Texten oder dem Großen Bruder *interpretive community* untertan. Herausragende Vertreter der *écriture féminine* wie Joyce, Wilde oder Larkin sind Männer. Die Entkolonialisierung der Literatur leistet einem umgekehrten Rassismus Vorschub und liebäugelt mit dem Zensor.

Auch diese Aufzählung wäre leicht zur Litanei auszubauen. Aber hier geht es ja um die Abwehrmanöver, um die Behauptung, in jeder denkbaren Massierung zielten Inkonsistenzvorwürfe an einer Theorieproduktion vorbei, die Anarchie und *freeplay* auf ihren Schutzschild geschrieben hat. Aus dem breiten Spektrum der Selbstimmunisierungsstrategien im folgenden eine bescheidene Auswahl an Houdini-Auftritten und fesselnden Entfesselungsakten.

Der erste betrifft die offenbar engstirnige Vorstellung, Wissenschaft habe ihre Gegenstände zu definieren, um sie sinnvoll untersuchen zu können. „The laugh of the Medusa" schallt einem solchen hoffnungslos logozentrischen Ansinnen entgegen, und in den Erholungspausen läßt uns Hélène Cixous wissen:

> It is impossible to *define* a feminine practice of writing and this is an impossibility that will remain, for this practice can never be theorized, enclosed, encoded [... but] will always surpass the discourse that regulates the phallocentric system. (Cixous 1986: 313)

Mit ihrem Anspruch auf immerwährende Unfaßbarkeit stößt sie trotz des polemischen Untertons auch im Lager der maskulinen Theoriebildner überall auf Gegenliebe. Und Paul de Man will denn auch keinem seiner Mittheoretiker die dekonturierende Tarnkappe vorenthalten. „The main theoretical interest of literary theory", schreibt er in *The Resistance to Theory*, „consists in the impossibility of its definition" (de Man 1986: 3). Dankbar nimmt der gesunde Menschenverstand angesichts solcher *ex cathedra*-Bescheide zur Kenntnis, daß er in den verhandelten höheren Interessenlagen ohnedies nicht mehr gefragt ist: „The main effect of theory is the disputing of ‚common sense': common-sense views about meaning, writing, literature, experience" (Culler 1997: 4).

Der Weigerung, das eigene Literaturverständnis auf einen unzweideutigen Begriff zu bringen oder bringen zu lassen, entspricht die Auflösung wiedererkennbarer Identitäten auf seiten des Theorieproduzenten, der sich einem Festgelegtwerden auf das gerade Behauptete proteushaft entzieht. Ann Brooks beobachtet in *Postfeminisms* entsprechend eine zunehmende Verflüssigung, „increasing fluidity", der Kategorien der Selbstdefinition und erläutert: „Identity becomes more fluid and fragmented, undermined by contrasts such as that between gay and straight, female and male, and black and white" (Brooks 1997: 209). An den Selbstporträts und ideologischen IDs, die sich in vielen Beiträgen finden, ist diese Tendenz zur multiplen Persönlichkeit mit ‚wuchernden' Allianzen deutlich abzulesen, so daß die Herausgeberinnen des Readers *Feminist Criticism and Social Change* in ihrer Einleitung feststellen können: „Many materialist-feminist critics, in fact, have a triple or quadruple commitment by virtue of being racial and/or lesbian liberationists as well" (Newton/Rosenfelt 1985: xix).

Solche Selbstvervielfältigung klingt nach Überforderung, und ein Leben „as a forty-nine-year-old Black lesbian feminist socialist mother of two, including one boy, and a member of an interracial couple" (Lorde 1998: 630) ist bestimmt kein Zuckerschlecken. Andererseits ermöglicht es ein Reden mit fünf verschiedenen Zungen und ein Schreiben in ebensovielen divergenten Kontexten. Aus welchem heraus gerade argumentiert wird, bleibt in der Regel unklar. Das allerdings mit gutem Grund, denn wenn eine derart verfaßte Sprecherin mit einer These etwa in den *Lesbian Studies* anstößt, kann sie sich mühelos unkritisierbar machen, indem sie darauf hinweist, in dem fraglichen Statement habe sich doch offensichtlich ihr sozialistisches Fünftel zu Wort gemeldet. Ein Engagement verpflichtet; viele Engagiertheiten und ein ganzes Bündel theoretisch-ideologischer Loyalitäten aber ermöglichen im wahrsten Sinne des Wortes nicht zu verantwortende Diskurse.

Am auffälligsten tritt die Lust an der Entkernung der Persönlichkeit und am Abstreifen der Zurechenbarkeiten in Einführungen in das Werk von ‚Theoriestiftern' zutage, wobei entweder der Einführende angesichts seines imposanten Gegenstandes zunichte wird und/oder der vorgestellte Meisterdenker – in Applikation des alttestamentarischen Bildnisverbots – alle definitiven Züge verliert. In Übereinstimmung mit dem eben vorgestellten Entlastungsverfahren ist in Julian Wolfreys' *Deconstruction · Derrida* die Theorie selbstverständlich nicht festzuschreiben: „I am going to challenge the identity of deconstruction [...] as either a method of interpretation or a school of literary criticism or theory" (Wolfreys 1998: 7). Darüber hinaus zerfällt aber auch seine Einleitung mit sich selbst: „The ‚introduction' is merely a series of ‚programmed excuses'" (ebd.: 5), und ihr Verfasser steht im Begriff, sich in den Nachhall eines Nachhalls aufzulösen:

> This is only to show how nothing I can say here, of Derrida, on Derrida, about Derrida's concerns or interests, is something which Derrida has not already interested himself in or concerned himself with. [...] I am not even saying something which other commentators on Derrida have not already said before me. [...] I could go on quoting Bennington here, but I won't. Otherwise I might well find myself typing out his entire text, a text which, as he admits, is in some sense al-

ready (*déjà*) written across the texts that are signed in the name of Jacques Derrida. (Ebd.: 27f.)

Das Echo ist bekanntlich nicht Herr seiner Worte und Wolfreys durchaus stolz auf seine theoriegläubige Unoriginalität. Für den *anti-foundationalism* gibt es kein Copyright mehr und im zweiten und dritten Glied schon gar kein Recht auf eigene Ideen. Dafür steht die Idolatrie hoch im Kurs, wobei nicht wenige ‚Heiligenleben' ähnlich präzise aufmachen wie Toril Mois *Kristeva Reader*: „To think the unthinkable: from the outset this has been Julia Kristeva's project" (Kristeva 1986: vi). Möglichst viele intellektuelle Brüche und Kehrtwendungen sind die neuen Voraussetzungen für den Prophetenstatus, der früher mit dem Gradlinigen und Unbeirrbaren in Zusammenhang gebracht wurde. Und fast könnte man sagen, daß die Gesichtslosigkeit im Sinne einer ständigen Permutation der Physiognomien zur Signatur von Größe aufgerückt ist. Geoffrey Bennington qualifiziert in seinem Lyotard-Buch die Publikationsliste seines Theorie-Apostels jedenfalls als „more remarkable for its shifts and breaks than for any continuity" (Bennington 1988: 1), und es ist gerade das Enigmatische, Sichentziehende, Unfaßbare, das es herauszukehren gilt, wobei der geschäftstüchtige Hagiograph gleichzeitig Prüfungswissen vermarktet und dem Kaiser zu geben versteht, was des Kaisers ist:

The proliferation in recent years of such introductory books (‚Modern Masters' et al.) suggests that they have some importance. [...] One of the motivation behind such books is undoubtedly a recognition of the need to ‚gain time' – such books are, among other things, designed to allow their readers to make conversation (in examination-rooms if necessary) about thinkers whose works there has been no time to read. (Ebd.: 3f.)

Ein anderes biblisches Gebot findet keine Beachtung mehr: „Deine Rede sei ja, ja, nein, nein". Dieser Aufruf zur Eindeutigkeit, Überprüfbarkeit und zum Einstehen für das Gesagte muß vielmehr als postmodernes Anathema gelten, gerät der, der – noch – so schreibt, doch automatisch unter Kirchenbann. Die Entlastung von Rechenschaft und intellektueller Haftpflicht erklärt übrigens auch das seit einiger Zeit zu beobachtende Koalieren und Fusionieren von Theoriekomplexen wie Feminismus, *Cultural Materialism* und *New Historicism*. Naturgemäß verwischen schon während der Integration die alten Konturen, ergeben sich neue Problemstellungen, laufen Falsifikationsanstrengungen plötzlich leer, weil die Objektkonstanz nicht mehr gewährleistet ist. Den Punkt Omega der Immunisierung, das Paradies der Begründungsfreiheit und Grundlosigkeit, hat Paul A. Bové übrigens schon 1980 beschrieben, und manchen mag das Gefühl beschleichen, es sei in den letzten zwei Dezennien unaufhaltsam nähergerückt: „Ultimately, then, there emerges a theory of literature which sees all language as based on nothing and manifesting itself as fiction emerging out of and reflecting nothing" (Bové 1980: 92).

Diese Gegenstandslosigkeit von Literatur und Literaturtheorie, ihr Ausfluß aus dem Nichts und ihr Zerfließen in Nichtigkeit wird trotzdem eine – gar nicht so schöne – Utopie bleiben. Was dagegen längst als dritte Abwehrreaktion gegenüber Dissidenten praktiziert wird, ist das Umfließen, d.h. ein amöbenhaftes Einkreisen und Sicheinverleiben von Kritik. Damit wird nach der ‚Gegen-Ständlichkeit' der literarischen Texte und den Kohärenzerwartungen auf methodologischer Ebene ein drittes ‚Außen' dezisionistisch und mit einem Federstrich eliminiert: der Standpunkt des Theoriekritikers jenseits des Kritisierten. So wenig es aus postmodernem Blickwinkel eine Transzendenz des literarischen Objektes gegenüber der literaturwissenschaftlichen Objektsprache und eine Überwelt der Wissenschaftsregeln zur Beurteilung des szientifischen Spiels der Zeichen geben kann, so unrealistisch ist die Schiedsrichteranmaßung, die Unparteiischen-Halluzination im Gewoge der Mannschaften und beim erbitterten Gerangel um den Ballbesitz.

In seiner schon bemühten „Presidential Address" lehnt sich Miller deshalb entspannt zurück, wenn es um die Abfertigung von ‚Spielverderbern' geht und erklärt:

> They say, ‚I am not a theorist,' which we know is a theoretical statement. The rejection of theory today can only take place in the context of the whole history of structuralist and poststructuralist theory - Saussure, Benjamin, Bakhtin, Lacan, Foucault, Barthes, Irigaray, Althusser, Fish, Jameson, Bloom, Derrida, de Man, and the rest. This context has changed once and for all [. ...] Its irreversibility is evident in the way the resistance to theory today is overtly and inescapably theoretical. (Miller 1991: 319)

Entscheidend ist hier nicht die Reservierung des Stadions für Sportsfreunde, die mit denselben Sponsorenkonterfeis auf den Trikots einlaufen, sondern der erste und der letzte Satz. Beide kooptieren das Nein und den Protest gegen einen übertheoretisierten Umgang mit Literatur als weiteren Beitrag zu eben dieser Theorie und brechen ihm damit die Spitze ab. Derridas Dekret von der Unhintergehbarkeit der Texte findet ein exaktes Analogon in der Behauptung von der Unüberschreitbarkeit des Theoretisierens: Il n'y a pas de hors-théorie. „Antitheoretical polemic", sekundiert W.J.T. Mitchell, „is one of the characteristic genres of theoretical discourse" (Mitchell 1985: 2). Und Patrick Parrinder kondoliert am Eingang der zweiten geschlossenen Anstalt gleich hinter Frederic Jamesons ‚Gefängnis der Sprache': „Theory is all-devouring, consuming theories, anti-theories, and non-theories alike. Polemics against Theory are themselves a species of theory. [...] There is no escape" (Parrinder 1987: 11).

Wir werden Augenzeugen des spektakulären Finale der postmodernen Selbstdarstellungsrevue, das endgültig mit Stadttheatermetaphern aufräumt und die Bühne freifegt vom letzten krümeligen Aber. Erst tanzen die *signifier*, darauf die signifikanten Theoretiker, ihre Multiplikatoren und Studenten, dann schwingen und swingen auch die Nachbardisziplinen mit und schließlich walzt der ganze human- und kulturwissenschaftliche Überbau. Alles klingt jetzt nach Theorie, ist im Einklang mit ihr, das All selbst, schallt es aus dem Körpergebrodel und Gedankenwirbel, was kann es anderes sein als eine gewaltige, immer neu irisierende, der ideellen Empfängnis harrende theoretische Fruchtblase.

Klobig Fuß vor Fuß setzend, uns Schritt um Schritt vorarbeitend über Ungründe haben wir es viel zu spät gemerkt. Auch die Literaturtheorie hat ihre Identität abgestreift wie eine zu eng gewordene Schlangenhaut und tanzt uns auf der Nase herum. Wenn wir ihren führenden Köpfen glauben dürfen, ist sie eingegangen. Nein, nicht eingegangen durch Hypertrophie, sondern durch Hyperaktivität, und zwar in etwas noch Größeres, als sie selbst jemals war. Wir leben nämlich nicht nur im Zeitalter des Postfeminismus, in einer „posttranssexual era" (Halberstam 1998: 763) und der Epoche des „postpornographic", sondern sind auch glücklich im Posttheoretischen (vgl. Culler 2000: 277) angekommen, will sagen im Maximum der Dekonturierung und des forschungsprogrammatischen Gesichtsverlusts.

„What we call ‚theory' for short is manifestly not theory of literature" (ebd.: 276), schreibt Jonathan Culler in einem Aufsatz und führt diese These in *Literary Theory* genauer aus:

> Theory has enormously enriched and invigorated the study of literary works, but [...] theory is not the theory of *literature*. If you had to say what ‚theory' is the theory *of*, the answer would be something like ‚signifying practices'. The production and representation of experience and the constitution of the human subject – in short, something like culture in the broadest sense. (Culler 1997: 43)

Sein Versuch inhaltlicher Füllung zählt als Beiträgerdisziplinen zur neuen Über-Theorie „anthropology, art history, film studies, gender studies, linguistics, philosophy, political theory, psychoanalysis, science studies, social and intellectual history, and sociology" (ebd.: 4) auf, aber die Liste wirkt zusammengewürfelt, und er wäre wohl besser beraten gewesen, das aufzuführen, was unter keinen Bedingungen dazugehören kann. Bei dieser Negativauswahl hätte dann ein Kandidat nach dem anderen ausscheiden müssen, denn der Expansionismus der Post(literatur)theorie kann keine Tabuzonen dulden. Zumindest tendenziell will sie für alles zuständig sein – „theory is all-devouring" –, und merkt nicht einmal mehr, wie sie sich als Nimmersatt lächerlich macht. Wer wie Richard Bradford den „postparadigmatic state" ausruft und seine Leser mit dem selbstzufriedenen Satz in die große Desorientierung entläßt: „Literary critics and theorists might not be able to do or achieve anything in particular, but we involve just about everything" (Bradford 1993: xi), der stellt sich jedenfalls ein wissenschaftliches Armutszeugnis aus und attestiert seinem Fach eine habituelle Gedankenflucht, die sich mit der Platitüde, alles hänge mit allem zusammen, über die eigene Konzentrationsschwäche hinweglügt.

Gewiß hat Jürgen Schlaeger recht, wenn er in seiner Textauswahl für ein deutsches Publikum auf die besonderen amerikanischen Gegebenheiten hinweist, die noch keine Abpufferung des „Stellvertreterkriegs der Wirklichkeitsauffassungen" (Schlaeger 1986: 11) über déjà-lu-Erfahrungen erlaubten:

> Im Amerika der 60er und 70er Jahre [waren] literaturtheoretische Debatten und Krisenbewußtsein noch mit der Aura und den Aufregungen eines ungewohnten intellektuellen Abenteuers behaftet [...], während beides auf dem alten Kontinent schon seit Generationen zum spekulativen täglich Brot gehörte. Seit der Mitte des vorigen Jahrhunderts haben die kontinentaleuropäischen geistigen Eliten in immer wieder neuen und massiven Schüben epistemologische Zweifel, ethische Skepsis und ästhetische Brüche produziert und verarbeiten müssen. ‚Krisenbewußtsein' ist dadurch zu einem vertrauten Phänomen, ja fast schon zum Markenzeichen eines Denkens auf der Höhe der Zeit geworden. In Amerika fehlte bislang sowohl die Denktradition als auch der Erfahrungshintergrund für die Entstehung einer ähnlichen Tiefe und Kontinuität des Krisenbewußtseins. (Ebd.: 10)

Noch einmal agierte Amerika als verspätete Nation und fand in der Literaturtheorie ein Parallelmedium zur abendländischen Philosophie und Theologie, das das Ausagieren eines radikalen Skeptizismus und korrosiven Zweifelns ermöglichte. Die Problementwicklung bis zur Jahrtausendwende und darüber hinaus aber kulminierte weder in einem neuenglischen Hume noch brachte sie ein maßgeschneidertes *early retirement program* für einen zweiten Nietzsche und seine Rocky Mountains-Sommerfrischen zustande. Vielmehr kann man den *problem shift* nur als degenerativ bezeichnen. Hinter der absatzfördernden Rivalität der Ikonoklasmen bildete sich ein stillschweigender Konsens heraus, der, wie wir gesehen haben, der Beliebigkeit und einer sinnentlasteten, um nicht zu sagen sinnentleerten (Ver-)Spielhaltung Vorschub leistete. „There is a good deal of cumbersome and misconceived pseudophilosophy currently passed off upon credulous readers in the name of literary theory" (Norris 1985: 6), konstatiert Christopher Norris, und John Ellis geht mit einer Praxis, die von einem qualitativen Gefälle zwischen Texten nichts mehr wissen will, noch härter ins Gericht, indem er ihr „a measurable decline in [...] quality" (Ellis 1989: 135) bescheinigt und eine ‚Anstiftung zu intellektueller Faulheit' (vgl. ebd.) unterstellt.

Nur das Ertauben gegenüber den Vorhaltungen der Dissidenz wird immer noch systematisch und mit Fleiß durchexerziert, und der über vierfache Blockaden erzielte Unansprechbarkeitsgrad scheint in der Tat für ein erklärtermaßen anti-metaphysisches und irreligiöses System ein geistesgeschichtliches Novum darzustellen. Vielleicht drängt sich gerade deshalb die Vokabel der Verstocktheit auf. Die Postmoderne hat ausgelernt und läßt sich von niemandem mehr etwas sagen: nicht von der Empirie vorgefundener Literatur, nicht von der Logik der Forschung, nicht von ihren eigenen Fehlleistungen und Fehlentwicklungen. Sie ist in einer fatalen Selbstgenügsamkeit befangen, die sich, programmatisch gedunsen, als Universalismus und Medium der All-Integration aufspielt. Ihre Zukunftsperspektive ist das Weiter-so, über ihre Vorgeschichte weiß sie – mit Ausnahme des *bête noire* und Prügelknaben *New Criti-*

cism – so gut wie nichts. Dabei gerät man, auch wenn man Kolonne fährt, nicht einfach so in Sackgassen. Schön, sie endeten in Tiefgaragen, und die Tiefgaragen lagen unter Luxushotels, und deren klimatisierte Konferenzsäle eignen sich schlecht als Brutkammern des Selbstzweifels. Hier hört man immer dieselbe *message* immer anderer Präsidenten:

> There is no crisis in the humanities. Quite the opposite. There is, rather, a tremendous vitality, a multiform intellectual energy and healthy diversity in all the fields and modes of our disciplines. (Miller 1991: 325)

Aber die intellektuelle Wohlstandsverwahrlosung, die keine Begründungen mehr kennt, sondern allenfalls noch ihr antifundamentalistisches Selbstdementi, muß doch selbst zureichende und nachvollziehbare Gründe haben.

3. Das Mysomousoi-Syndrom. Ein Monolog

„Freed from any referential function, theory thus becomes the site of an unfettered *performance*, a performance in no way limited by any preexistent script" (Kavanagh 1989: 10). Diesem schaustellerischen Großereignis haben wir beigewohnt und sind dabei sehr wohl auf eine Art Drehbuch, auf Vorschriften und Regieanweisungen gestoßen. Denn so recht Kavanagh mit dem Hinweis auf die Arbitrarität der Einzelinterpretationen hat, das postmoderne Gesamtprojekt ist keineswegs kontingent, sondern besitzt einen definitiven Sinn und Zweck. Auf die denkbar kürzeste Formel gebracht geht es um Monologisierung und den rigorosen Entzug des Mitspracherechts für alle traditionellen Gesprächspartner. Nur die Theorie redet – in ihrer letzten Ausformung über alles –; sie ist die rückstandsfreie Überführung der Totalität der Welt in den totalitären Diskurs, der selbsternannte Vormund einer taubstummen Literatur und Kultur.

Wie hat sie einen derart grotesken Dünkel, eine so aberwitzige Arroganz ausbilden können? Und weshalb ist der Verlust der Verhältnismäßigkeit, des Augenmaßes und des Bedürfnisses nach Kommunikation erdrutschartig erfolgt und das Produkt von wenigen Jahrzehnten? Von den im folgenden diskutierten Teilantworten ist der Deformation durch Institutionalisierung in kritischen Kommentaren die weitaus größte Aufmerksamkeit zuteil geworden. Allerdings fehlt diesem Erklärungsansatz genau wie dem Hinweis auf die Entlastungsfunktion postmoderner Theoriebildung die historische Tiefenschärfe. Deshalb wird für uns in einem über aktualistische Hypothesen hinausgehenden Argumentationsschritt die Geschichte der Literaturtheorie relevant, die jahrhundertelang über verläßliche Mechanismen zur Kontrolle der Suprematiegelüste ihrer

Betreiber verfügte. Vor diesem Hintergrund läßt sich die Ausgangsfrage heuristisch umformulieren: Was – außer Professionalisierungsschüben und der Absegnung eines flächendeckenden Vergessens – ermöglichte das letztendlich suizidäre Ausschalten dieses Sicherungssystems?

Wenn Texte so etwas wie den Wellengang im Meer der *écriture* darstellen und damit alle mit demselben Wasser gewaschen und substantiell gleich sind, kann ich es getrost dem Zufall überlassen, wo ich baden gehe. Andersherum zerfließt mir die Scheinsolidität jedes noch so festgefügten Literaturkanons zwischen den Fingern, wovon ich neben dem Vorteil sauberer Hände auch noch das beruhigende Gefühl mit nach Hause bringe, in Zukunft von jeder Pflichtlektüre und dem Zwang zur Abarbeitung des Klassikerpensums befreit zu sein. Der Übertritt ins Lager der Postmodernen wird also zunächst einmal mit einem großzügigen Freizeitbonus belohnt – ein Gewinn, an dem sofort Stapel theoretischer Neuerscheinungen zu zehren beginnen. Die Belesenheit muß, wie Heinz Schlaffer bemerkt, nicht länger ‚stupend' sein, denn „Literaturtheorie wird im 20. Jahrhundert auch deshalb als methodische Neuerung Erfolg haben, weil sie vom ungeheuren Druck literaturhistorischen Wissens entlastet" (Schlaffer 1990: 224). Entsprechend kommt das Oeuvre namhafter Zunftvertreter heute mit einer Handvoll immer wieder bemühter literarischer Gewährsleute aus, falls sie zitationsseitig überhaupt noch behelligt werden.

Natürlich ist dieses Verfahren, durch Beliebigkeitserklärungen oder Irrelevanzbehauptungen Ballast abzuwerfen, prinzipiell nicht auf die Belletristik beschränkt, sondern auch auf die Theorieproduktion selbst übertragbar. Wo „ganze Forschungstraditionen als ‚naiv' ignoriert werden können" (Jannidis/Lauer 1999: 17), verwandelt sich der zeitgenössische Experte vom *over-reader* in den Überflieger, und es sind Anthologien auf dem Markt, deren Herausgeber dem studentischen Nachwuchs noch die geringste Versuchung ersparen, sich ein eigenes Urteil zu bilden und nachzuschlagen. Für diese Didaktiker der geistesgeschichtlichen Amnesie ist die Literaturtheorie vor der Moderne nicht nur borniert, weit gefehlt, sie ist nicht existent: „Let it be simply stated that the anthology covers only the twentieth century because there was no literary theory before" (Lambropoulos/Miller 1987: x). Daß nach den Klassikern der Literatur und den Klassikern der Literaturtheorie inzwischen auch schon Klassiker der Postmoderne über die Planke geschickt werden, scheint dabei nur recht und billig und von der Logik fortschreitender ‚Selbstentschlackung' gedeckt. Als René Girard, Gastdozent an einer amerikanischen Eliteuniversität, einer Teilnehmerin seines Seminars einen faktischen Irrtum nachweist, bekommt er zu hören:

> But you don't understand. You are too old. We are already third generation deconstructionists, and we only read the second generation. We don't have to read Derrida himself, who has been deconstructed quite a few years ago. We can completely dispense with that sort of thing. (Girard 1989: 238)

Die hier dokumentierte Umstellung einer ehedem mit der Festlegung von Epochengrenzen, mit langwierigen Evolutionsprozessen und zögerlich einsetzenden Wirkungsgeschichten befaßten Disziplin aufs Kurzzeitgedächtnis und den Präsentismus intellektueller Moden ist die Frucht einer Selbst-Institutionalisierung literarischer Kommentatoren und Metakommentatoren, deren Strategiepapier aus dem Jahre 1938 datiert. Es trägt den weitsichtigen Titel „Criticism, Inc." und stammt aus der Feder von John Crowe Ransom, einem der Gründungsväter des *New Criticism*. Ransom löst „the proper business of criticism" (Ransom 1968: 327) aus dem Zuständigkeitsbereich einer zu generalistischen (Kunst-)Philosophie und des unartikulierten Künstlers, der also keineswegs erst durch postmoderne Paradigmen unter Kuratel gestellt oder zum Schweigen verurteilt wird: „[The artist] should know good art when he sees it; but his understanding is intuitive rather than dialectical – he cannot very well explain his theory of the thing" (ebd.). Die einzig geeigneten Kandidaten für diese Aufgabe theoriegesteuerter Explikation sind die akademischen Fachleute, „the university teacher[s] of literature" (ebd.: 328), deren kritischer Potenz Ransom „the erection of intelligent standards" (ebd.) zutraut. Man muß an sich halten, um durch das unbeabsichtigte Wortspiel nicht auf das Schwellkörperhafte der sich anschließenden Entwicklung gestoßen zu werden, die den Liebhabereien von „home-made critics" (ebd.: 337) und feuilletonistischen Dilettanten allerdings nicht minder abhold ist als philosophischen Gemeinplätzen oder der poetischen Intuition. „Criticism must become more scientific, or precise and systematic" (ebd.: 329), lautet die ganz unanzügliche Erfolgsformel. Erst ihre Langversion läßt durchblicken, daß nicht von reiner Wissenschaft und zweckfreier Forschung die Rede ist, sondern vom Wissenschaftsbetrieb und forschungsindustrieller Geschäftigkeit:

> Rather than occasional criticism by amateurs, I should think the whole enterprise might be seriously taken in hand by professionals. Perhaps I use a distasteful figure, but I have the idea that what we need is Criticism, Inc., or Criticism, Ltd. (Ebd.)

Ende der 30er Jahre war noch so viel Zukunftsmusik in diesem Programmauszug, daß sich Ransom für das metaphorische Hinüberblinzeln zur ‚Unternehmerkultur' vorsichtshalber entschuldigt. Ein gutes halbes Jahrhundert später hat die Institutionalisierung und Professionalisierung der akademischen Verwertungsgesellschaft Wort konzernartige Züge angenommen, und wieder gibt es in der Führungsriege von *Criticism Unlimited* eine Person, die sich über das Woher und Wohin Rechenschaft abzulegen versucht und sich diesmal gerade angesichts einschüchternder Erfolge genötigt sieht, den Status quo in Frage zu stellen.

Der Literaturtheoretiker Murray Krieger, Jahrgang 1923, ist nicht nur Zeuge einer rasanten Expansion geworden, er hat sie von einflußreicher Position aus mitbewirkt und gefördert. Deshalb bilanziert der „active participant in the growth of theory into a formidable institution" (Krieger 1994: x) die Wachstumsschübe und stellt sich in *The Institution of Theory* der Mitverantwortung für das – auch aus seiner Sicht – hochproblematische Ergebnis, das er mit einem vielleicht unvermeidlichen Kontrollverlust in Verbindung bringt:

> More than once, people have approached me in recent years and said, in effect, „Look what you started! How do you like your monster now?" And there are moments when I confess to feeling a little like the sorcerer in *The Sorcerer's Apprentice*, who, as all the brooms come marching, no longer under any control and in numbers that can no longer be counted, wonders about what he has set in motion and what, consequently, has happened to the house that they were created in order to maintain. (Ebd.: 4)

Nach Krieger liegt der entscheidende Sündenfall in der Entlassung der Literaturtheorie aus ihrer Servicefunktion für die Textinterpretation, wie der *New Criticism* sie noch unisono propagiert hatte. Einmal solcher Vorspanndienste ledig, kommt in dem genügsamen Zugpferd eine Art *maverick* zum Vorschein, der kein Halten mehr kennt. Ein ‚imperialistischer Impetus' (vgl. ebd.: 10), eine fatale Eigendynamik treten zutage; die Theorie geht durch: „Once that theorizing impulse is let loose, it will, even if gradually, move toward shaking free of its dependence on experience in order to set up shop on its own" (ebd.: 9). Damit aber nicht genug, denn beim gestreckten Galopp in Richtung freie Wildbahn kommt unweigerlich auch das Beförderte unter die Hufe:

> In this past half-century we have seen theory move from an auxiliary role, in which it sought to justify the practice of literary criticism, to the status of a self-conscious discipline, and then into its imperialistic phase, in which it would doom that which it had been created to protect. (Ebd.: 79)

Dieses aus dem Blickwinkel von Literatur und traditioneller Literaturwissenschaft amokhaft anmutende Selbstläufertum war, so Krieger, nicht antizipierbar: „I could not, in my early struggles on behalf of theory, be aware of the extent to which [...] it could develop the potential eventually to inhibit, if not to stifle, the poetry that it had been supposed to set free" (ebd.: 80). Und auch der Hinweis auf das magische Element, den bösen Zauber, dem man nichts entgegenzusetzen hat, sowie auf den bedenklichen Charakter und die angeborene Verwilderungslust des Theoretischen zielen offenbar auf Entlastung und einen Freispruch zweiter Klasse – den aus Mangel an Beweisen. Gleichwohl läßt es Krieger nicht an tätiger Reue fehlen und bemüht sich in seiner „Hortatory Conclusion" um Schadensbegrenzung beim besenschwingenden theoretischen Kehraus und um die neuerliche Nobilitierung von Literatur als „counterideological" und „privileged agent of subversive resistance" (ebd.: 70).

Befriedigen kann seine Lesart der neuesten Theoriegeschichte als ein über die guten Absichten vieler Beteiligter triumphierendes Verhängnis und die tragische Calibanisierung eines vormals diensteifrigen Ariel trotzdem nicht. Man muß, wie Gerald Graff in *Professing Literature. An Institutional History* (1987) oder William E. Cain in *Crisis in Criticism. Theory, Literature, and Reform in English Studies* (1984), schon genauer hinsehen, damit die keineswegs wundersamen oder gar verhexten Mechanismen hervortreten, die die Entwicklung vorangetrieben haben. Einige davon sollen an dieser Stelle exemplarisch vorgeführt werden, um die enge Rückkopplung zwischen Rahmenbedingungen und dem, was auf der Bildfläche erscheint, zu verdeutlichen. Im Anschluß wenden wir uns dann mit dem *mysomousoi*-Syndrom dem wohl ausschlaggebenden Faktor zu. Es handelt sich um die schon erwähnte hilflose Ausgewiesenheit der neuen Experten, denen jede literarische Primärerfahrung weggebrochen ist und die deshalb nur noch verdrossen und so pseudokundig über Kunst reden können wie Blinde über die Farbe.

Eine der wichtigsten, aber häufig abgeblendeten Eigenheiten institutionalisierter Beschäftigung mit Literatur ist ihre Rezenz. Während sich die Naturwissenschaften schon 1660 mit der Gründung der *Royal Society* ein identitätsstiftendes Forum und eine immer effektivere Pressure-Group zulegten, erreichten die Neuphilologien den Status der anerkannten und mit öffentlichen Mitteln geförderten Einrichtung erst mit einer Phasenverschiebung von zweihundert Jahren:

> The institutionalized study of vernacular literature is of course a fairly recent development in the West. Matthew Arnold was in 1857 the first Professor of Poetry at Oxford to give his lectures in English. Although departments of English seem now a necessary part of any college or university – a natural feature of the academic landscape, part of nature, so to speak – until not too many decades ago they did not exist at all. (Miller 1991: 171)

Der Versuch, den Stammbaum über die Verwandtschaft mit den Alten Sprachen und Literaturen zu verlängern, die an den Universitäten immer schon mit Lehrstühlen vertreten waren, ist bei diesem Parvenü nur allzu verständlich, scheitert aber an jenen methodischen und forschungsprogrammatischen Unvereinbarkeiten, die die Altphilologen dazu veranlaßten, vehement Front gegen den Aufsteiger zu machen, und ihrem schnellwüchsigen Konkurrenten anschließend das schlechte Gewissen ersparten, wenn er die Animositäten in gleicher Münze zurückzahlte.

Die insbesondere in der zweiten Jahrhunderthälfte beispiellosen Professionalisierungs- und Institutionalisierungserfolge des Newcomers erzeugten einen enormen Rekrutierungsbedarf, den das Gründerzeitparadigma und seine Ausbildungsstrategien bald kaum mehr befriedigen konnten. Die *New Critics* verfügten zwar über eine (zeit)ökonomischere Form des Textumgangs als ihre Vorgänger, die komplexe historische oder biographische Einbettungen vorgenommen hatten. Sie deuteten mithilfe diverser *fallacy*-Dekrete das Kunstwerk zunehmend kontextfrei und aus sich selbst heraus, erklärten nicht den Roman oder das Drama, sondern das viel überschaubarere Gedicht zum Inbegriff des Literarischen und erhöhten auf diese Weise die Produktionsgeschwindigkeit von Sekundärliteratur. Andererseits jedoch wurden manche Output-Bremsen sogar noch schärfer angezogen. Das benötigte rhetorische und textanalytische Wissen etwa war beträchtlich, das Argumentationsniveau der Beiträge hoch bis elitär, die Diskussions- und Rezensionskultur, die ein Unterschreiten der Anforderungen verhinderte oder negativ sanktionierte, vorbildlich ausgebildet. Darüber hinaus blieb ein Gedicht nach einer schulmäßigen Auslegung und, mehr noch, nach einer formalistischen Interpretation von Meisterhand über längere Zeiträume ‚gesperrt', so daß sich der Objektbereich von Texten, über die ‚Neues' zu sagen war, schleichend verengte. Im Hinblick auf die in den 60er und 70er Jahren sich bietenden hervorragenden Wachstumschancen erschienen solche restriktiven Theorieeigenschaften als kontraproduktiv und nicht marktgerecht, und man muß den Erfolg des Poststrukturalismus und der Dekonstruktion auch mit ihrer Fähigkeit in Zusammenhang bringen, die sekundärliterarischen Produktivkräfte bis zum äußersten zu entfesseln.

In einer glücklichen Wendung ist in John M. Ellis' einschlägiger Studie *Against Deconstruction* in diesem Zusammenhang von „laissez-faire tendencies of criticism" (Ellis 1989: 159) die Rede; aber die daraus resultierende Forderung nach Eindämmung und gleichsam sozialverträglicher Regulation – „the development of some check on and control of the indigestible, chaotic flow of critical writing" (ebd.) – kann nur im nachhinein und infolge eines schmerzlichen Lernprozesses erhoben werden. Bei seiner Formulierung war das neue Theoriekonzept extrem zeitgemäß: „Deconstruction's success in America is, in fact, explained [...] by its playing to the prevailing climate" (ebd.: 157), und mußte, keineswegs trotz, sondern gerade wegen seines Steuerungsdefekts, insbesondere vom akademischen Nachwuchs als Geschenk des Himmels erlebt werden. Es drosselte nicht ab, es gab nicht zu bedenken, es legte keine Standards fest und definierte keine Eingangsqualifikationen; alles, was es verlangte, war ein Lippenbekenntnis, bevor die Ventile öffneten und eine Woge von enthusiasmierten Nachbetern und verzückten Jargonleuren die Zeitschriften, Verlage, Konferenzen und Departments flutete. Und mit jeder unausgegorenen Publikation wurde ein Freibrief für das nächste Stück Makulatur ausgestellt, und überall zwischen den im Akkord zu Papier gebrachten Zeilen stand zu lesen:

> The good news is that it is impossible to interpret any text to death. We live in a world where plagiarism has become a philosophical impossibility. It simply cannot exist. If a dean tells you that there can be such a thing, she must belong to some benighted field like computer science. [...] In this new context, the idea that certain publications might not be good enough to be counted toward tenure no longer makes any philosophical sense. The belief that writing can be good or bad is a ‚metaphysical prejudice'. (Girard 1989: 240f.)

Inzwischen sind die Institute vollgelaufen und alle in der Boomphase neu geschaffenen Dauerstellen besetzt. Weshalb, muß man fragen, hat sich in einer Zeit des Bewerberüberangebots der Trend nicht umgekehrt, sind die Qualitätsfilter nicht wieder feinporiger geworden und die Ansprüche an Kenntnisstand und gedankliche Originalität nicht bloß *de jure*, sondern auch *de facto* gestiegen? Darauf gibt es zwei komplementäre Antworten. Zum einen ist mit der *publish or perish*-Formel nach wie vor ein quantitativer Maßstab in Kraft, der also auch jenen Paradigmen weiterhin einen deutlichen Selektionsvorteil verschafft, die rasch erlernbar sind, weil sie aus möglichst viel Insider-Vokabular und möglichst wenigen Welt- und Literaturdeutungsschablonen bestehen. Hier überlagert der ‚Stallgeruch' oft genug alle anderen Kriterien, und die Peer-Group beschränkt sich in der Regel darauf, sich über Fehlen oder Vorhandensein dieses Merkmals zu verständigen:

Where quantitative ‚production' of scholarship and criticism is a chief measure of professional achievement, narrow canons of proof, evidence, logical consistency, and clarity of expression have to go. To insist on them imposes a drag upon progress. [...] The effect would be the immediate collapse of the system. (Graff 1979: 97)

Man lasse sich in diesem Zusammenhang durch die Anforderungsinflation, die derzeit an vielen amerikanischen und außeramerikanischen Hochschulen grassiert, nicht irremachen. Sie steht auf geduldigem Papier. Was bei der Bewerbung zählt, ist die Publikationsliste. Was auf der Publikationsliste ins Gewicht fällt, ist Masse, nicht Klasse, über die zwischen den verschiedenen theoretischen Denominationen ohnehin keine Einigung zu erzielen wäre. Den Rest sieht zumindest René Girard als Etikettenschwindel auf Gegenseitigkeit, wobei der Kandidat dann doch ein Niveau zu erreichen hat, das ihm früher nicht zugemutet wurde, das der schamlosen Hochstapelei:

> In many universities today it has been decided that, to be promoted to associate professor with tenure, you must write two books. I hear that, in some instances, the tenure guidelines specify that these books be important enough to ‚revolutionize' the field. If an assistant professor must revolutionize his field twice before he can get tenure, he can read absolutely nothing outside that field. He has to cheat all along the line. (Girard 1989: 245)

Neben dem Qualitätsverlust durch paradigmabedingte Unterforderung tritt damit doppelgängerhaft der Leistungsabfall durch karrierebedingte Überforderung, dem zusätzlich noch durch die Abgleichung geisteswissenschaftlicher Forschungsergebnisse mit naturwissenschaftlichen Halbwertzeiten Vorschub geleistet wird. In medizinischen, chemischen, physikalischen *research programs* mag der jeweils neueste Artikel der wichtigste sein und durch seinen Nachfolger oder die Publikation einer anderen Forschergruppe obsolet werden; in den Literatur- oder Kulturwissenschaften ist die Gleichsetzung des Druckfrischen mit dem Kenntnisreichsten aber ein unverzeihlicher Kurzschluß: „It never considers the possibility that the most recent research might turn out to be no more than the ephemeral product of fad and fashion" (ebd.: 235).

Die Nachfragesituation auf einem rasch expandierenden Wissenschaftsmarkt trägt, wie wir gesehen haben, zur Produktion dieser Art von „cultural garbage" (ebd.) ebenso bei wie bestimmte auf Quantität ausgerichtete Selektionsmechanismen in Zeiten der Stagnation und Sättigung. Hinzu tritt nicht nur in den USA eine Besetzungspolitik der Universitätsgremien, die das Kunststück fertigbringt, das hochkompetitive Selbstbild von Fachvertretern mit der strukturellen Minimierung von Konkurrenz in Einklang zu bringen. Gerald Graff beschreibt das Verfahren als „field-coverage model of departmental organisation" und umreißt dessen aus dem späten 19. Jahrhundert datierende Grundannahmen so:

> The literature department adopted the assumption that it could consider itself respectably staffed once it had amassed instructors competent to "cover" a more or less balanced spread of literary periods and genres, with a scattering of themes and special topics. (Graff 1987: 7)

Dieses System erwies sich als extrem flexibel und war auch dem Theorie-Boom und den *theory wars* mit Leichtigkeit gewachsen. Jedes neue Paradigma, jede Bedeutung erlangende Schule wurde einfach akkreditiert und die entsprechend besetzte Professur zum Bestand hinzuaddiert. So entstand ein relativ friktionsfreier Pluralismus, in dem die verschiedenen Glaubensbekenntnisse nebeneinanderher lebten, ohne sich ernsthaft miteinander auseinandersetzen zu müssen: „The field-coverage principle [...] removed the need for continued collective discussion" (ebd.: 9). Die Gesprächsverweigerung der Theorie gegenüber dem Künstler und seinem Werk war damit auch fachintern gegenüber Kollegen praktizierbar, Hermetismus und Scheuklappendenken wissenschaftsorganisatorisch ausgerechnet in der Institution verankert, die sich dem freien Austausch der Ideen und ihrer permanenten und vorurteilslosen Überprüfung verschrieben hatte.

Daß der Stellenmarkt der letzten Jahrzehnte oft genug Opportunismus, Gedankenarmut, eine sich ikonoklastisch aufschminkende Parteigängerschaft und blinde Nibelungentreue prämiert hat, läßt sich als Begleiterscheinung der erfolgreichen Institutionalisierung und Professionalisierung von Literaturwissenschaft und Literaturtheorie nur schwer in Abrede stellen. Eroberer sind nun einmal auf gemeine Soldaten angewiesen, Gurus auf die heilige Einfalt. Der weitaus bedenklichste Typus aber fehlt noch auf der Berufungsliste, wenngleich er nicht selten in Personalunion mit Adairs „lumbering nonentities" und dem „lemminglike *genus* of academic mediocrity" (Adair 1993: 92) auftritt. Er ist so alt wie die theoretische Auseinandersetzung mit der Kunst selbst, und seine Vertreter haben – von vielversprechenden Intervallen einmal abgesehen – zweieinhalb Jahrtausende auf die Stunde der Machtübernahme warten müssen. Der elisabethanische Hofmann und Dichter Sir Philip Sidney hat diese hartnäckigen Gegenspieler in seiner 1583 abgeschlossenen *Apology for Poetrie* „*mysomousoi*, poet-haters" (Sidney 1962: 436) getauft, und es ist ein erschreckendes Faktum, daß der Kunsthaß derzeit ausgerechnet in der Literaturtheorie eine Renaissance erlebt und die Zahl der militant Amusischen und Ressentimentgeladenen, gegen deren puritanische Vorväter Sidney aufbegehrt hatte, unter Poetologen sprunghaft zunimmt.

Die massive Wiederkehr des *mysomousoi*-Syndroms in einer Personengruppe, deren Mitglieder der Laie für natürliche Alliierte der Literatur halten dürfte, meint dabei nicht die bedauernswerte Tatsache, daß dem vielfach geforderten, vielleicht auch noch interdisziplinär orientierten Literaturwissenschaftler kaum Zeit zur lustvollen und entspannten ‚schöngeistigen' Lektüre bleibt: „Much of what is called critical theory today spends a minimum of time with literature [...] and a maximum with sociological and political analysis" (Adams/Searle 1986: 22). Ein derartiges Zukurzkommen des

Eigentlichen hinter seiner Propädeutik gehört nicht anders als das gehetzte Aufzählen der nächsten *deadlines* im wissenschaftlichen Alltagsgeschäft schon fast zum guten Ton, und das Wertvolle wird ja nicht zuletzt dadurch affirmiert, daß man den Umgang mit ihm nach eigenem Bekunden vermißt. Etwas grundsätzlich anderes als unzulängliche Annäherungen oder lethargisches Steckenbleiben steht hier zur Debatte: die implizite oder explizite Denunziation des Kunstvollen, die konsequente Verweigerungshaltung und „antiliterary stance" (Parrinder 1993: 142) von professionell mit ästhetischen Ereignissen und Qualitäten befaßten Wissenschaftlern.

Nähern wir uns dem Ist-Zustand über Fremdkommentare an, schon um den Eindruck zu zerstreuen, hier werde effekthascherisch vorgegangen und über Gebühr dramatisiert. „We've reached", erklärt Denis Donoghue in einem in *The Pure Good of Theory* abgedruckten Interview, „a rather harsh situation – that is, some critics love literature and some resent it" (Donoghue 1992: 96). Einige Jahre später ist von solcher Gleichgewichtung bei R.V. Young keine Rede mehr: „The emerging dominance of postmodernist theory in departments of English and foreign language in America results from indifference and often outright hostility to literature as such" (Young 1999: ix). „Numerous literary theorists, however ferocious their mutual hostility", setzt er später hinzu, „share a disdain for the integrity of the literary work" (ebd.: 18). Selbst ein wohl keineswegs der Überzeichnung verdächtiger ausdauernder Parteigänger der Postmoderne nennt in den 90ern „the flight from the aesthetic among so many of my profession" (Bloom 1994: 17) beim Namen, für die er selbst übrigens zwanzig Jahre früher in seiner *Map of Misreading* eines der notorischen Beispiele geliefert hatte: „One of the functions of criticism, as I understand it, is to make the good poet's work even more difficult for him to perform. [...] All that a critic, as critic, can give poets is [...] deadly encouragement" (Bloom 1975: 10).

Dieser ‚ermutigende' Todeswunsch ist inzwischen – auch hier bietet sich der geläuterte Bloom des *Western Canon* als Kronzeuge an – in vielen theoretischen Köpfen zu Hause und dort mit einer tiefen Scham vergesellschaftet, sich mit so etwas wie Literatur abzugeben oder abgegeben zu haben:

> All of these Resenters of the aesthetic value of literature are not going to go away, and they will raise up institutional resenters after them. [...] Precisely why students of literature have become amateur political scientists, uninformed sociologists, incompetent anthropologists, mediocre philosophers, and overdetermined cultural historians, while a puzzling matter, is not beyond all conjecture. They resent literature, or are ashamed of it. (Bloom 1994: 518/521)

Für Heinz Schlaffer resultiert diese Peinlichkeitsempfindung aus Minderwertigkeitskomplexen gegenüber den Naturwissenschaften, weshalb die Philologie „ihre Herkunft aus einer Liebhaberei [...] durch besonders rigide und zunehmend lieblose Behandlung der Literatur zu vertuschen [suche]" (Schlaffer 1998: 485). Und sein germanistischer Kollege Christian Schärf arbeitet die Gleichschaltung noch deutlicher heraus: „Die allseits akzeptierte Respektlosigkeit der Literaturwissenschaft gegenüber der Literatur entspricht derjenigen der Naturwissenschaft gegenüber dem Leben" (Schärf 2001: 20). Im anglo-amerikanischen Raum finden sich ähnliche Überlegungen bei Parrinder (1991: 270ff.), in Jane P. Tompkins „The Reader in History" (Tompkins 1980: 201ff.) und bei Young, der „[the shedding of] the traditional reverent attitude of the humanities in their hunger for the clinical indifference of the ‚human sciences'" (Young 1999: 7) beklagt. Aber wie immer es um die Wirksamkeit der Kompensationstechniken bestellt sein mag, mit deren Hilfe sich der Geisteswissenschaftler gegenüber den Übervätern der *hard sciences* und ihren Weltmodellen zu behaupten sucht, die Kunst erscheint als ‚unmöglicher' Bündnisgenosse, und zwar schon deshalb, weil sie im Gegensatz zur Natur nicht prognostizierbar und operationalisierbar ist und ihre Kritiker und Theoretiker nicht nur widerlegt, sondern – etwa bei Zensurmaßnahmen – immer wieder in geradezu ehrenrühriger Weise vorgeführt hat. Der Erinnerung Mark Edmundsons, „never to underestimate the hostility that literary critics may nurse toward literature" (Edmundson 1995: 17) bedarf es deshalb an dieser Stelle kaum mehr.

Unverzichtbar ist dagegen die Anschlußfrage, warum die Kunstfeindschaft gerade jetzt überall aufflackert, wo doch die Rivalitäten zwischen den Lagern berechnender Experimentierer hier und sinnstiftender Interpretierer da spätestens seit dem Versuch unübersehbar geworden sind, sie im späten 18. Jahrhundert mit dem Begriff des Genies noch einmal unter den Teppich zu kehren. Wo ist das qualitativ Neue, das die alten Aversionen wiederbelebt? Welche, formulieren wir es ruhig einmal in der Sprache des Empirikers, welche gravierenden Input-Veränderungen sind aufgetreten, die die kollektive Negativierung mit Notwendigkeit nach sich ziehen? Solche harten Fakten und eindeutigen Kausalitäten müssen wir vorweisen können, wenn wir Kriegers Verhexungsszenario hinter uns lassen und mit der ebenso unbefriedigenden ad hoc-These aufräumen wollen, die Literaturtheorie hätte von heute auf morgen fast nur noch gefühlskalte und destruktive Persönlichkeiten angezogen. Eine gravierende Umrekrutierung hat zwar stattgefunden, aber sie ist keineswegs moralischer Natur.

Wer die lange Geschichte der Literaturtheorie Revue passieren läßt und die Ahnengalerie derer abschreitet, die ihren Horizont, wie wir gesehen haben, am liebsten auf das 20. Jahrhundert zurückstutzen würden, macht eine simple Entdeckung. Die Klassiker der Theoriegeschichte, die bedeutenden Perspektivierer, Problemdefinierer und Paradigmenstifter, waren fast alle zugleich auch Schriftsteller, d.h. im Besitz künstlerischer Primärerfahrung und einer ästhetischen ‚Innenansicht'. Sie wußten schlicht und einfach, wovon sie redeten, wenn sie Gedicht, Drama oder Essay sagten, weil sie Gedichte, Dramen, Essays geschrieben hatten. Natürlich war die Vermittlung von theoretischer Systematik und der Erlebniswelt des schöpferischen Aktes nicht immer einfach, wenngleich Parrinder im folgenden die synthetisierenden Fähigkeiten dieser ‚Doppelbegabungen' unterschätzt; aber sie war auch nie prinzipiell unmöglich, weil die zweite Seite der Medaille unausgeprägt gewesen wäre. Eben das aber, der Verlust der Komplementarität von Außen- und Innensicht, die Ausschließlichkeit des Draußen-vor ist das entscheidende und so ungemein folgenreiche Novum der Theorieentwicklung der letzten Jahrzehnte:

> There is no easy relationship between creative practice and its rationalisation, so that the poet-critics who figure in English literary history have normally been self-divided figures. But without the intimacy between critical and creative discourse which they provided it is arguable that the artistic revolutions we connect with such names as Wordsworth, Coleridge, Pound and Eliot could not have been achieved. [...] Today these conditions are lacking, and we have a ‚theoretical revolution' proclaimed by literary scholars most of whom seem to work in an artistic vacuum. (Parrinder 1987: 13)

Nun ist Arbeitsteilung, Ausdifferenzierung und Spezialisierung ein Grundzug der neuzeitlichen Wissenschaftsorganisation, und wir müssen uns die Nachfrage gefallen lassen, warum es ausgerechnet in der Literaturtheorie weiter ‚ganzheitlich' zugehen soll. Ihab Hassan zum Beispiel nennt die Koexistenz von theoretischen und poetischen Gaben in ein und derselben Person „an awkward condition of critical innovation" (Hassan 1980: 7) und setzt das angeblich viel leistungsstärkere zeitgenössische Apartheidsystem von der unbefriedigenden Problemansprache der Theoriegeschichte ab:

> The classics of criticism, as the truism goes, were most often composed by poets: Sidney, Dryden, Pope, Wordsworth, Coleridge, Shelley, Poe, Eliot, to mention only those writing in English. Yet rarely have these authors illumined the relation between analysis and poesis in a manner that satisfies our modern sense of the creative process. (Ebd.)

Die Hybris, mit der hier über die genannten ‚Theorie-Dilettanten' zu Gericht gesessen wird, ist bemerkenswert und ein heutiger Physiker, der so mit Newton umspränge, kaum vorstellbar. Aber obwohl der erste Reflex ein polemischer ist und man Christian Schärfs Ansprache des Wissenschaftsobjekts Literatur „als die Trophäe derer, die sie schon immer in den Griff bekommen oder abschaffen wollten" (Schärf 2001: 7), einmal mehr bestätigt finden kann, ist der Überlegenheitsbehauptung Hassans doch argumentativ, und das kann nur heißen, mit einem Leistungsvergleich ‚alter' und ‚neuer' Literaturtheorie zu begegnen.

Eine federführend von literarischen Insidern betriebene Literaturtheorie, also das fast zweieinhalb Jahrtausende praktizierte Standardmodell, besitzt – auch wissenschaftstheoretisch – höchst attraktive Eigenschaften, die der postmodernen Konkurrenz abgehen. Es ist da diskussionszentriert, offen und liberal, wo sein Gegenspieler falsifikationsresistent, dogmatisch und totalitär daherkommt; es läßt die Literatur inhaltlich und formal mitreden statt sie zu ignorieren oder über die Exemplifikation von Theoremen auf devotes Abnicken zu verpflichten; und es hat jene theoretische Selbstverliebtheit, jenen poetologischen Narzißmus über erstaunliche Zeiträume zu verhindern gewußt, der inzwischen eifrig damit beschäftigt ist, den Ast abzusägen, auf dem er sitzt, und die Fiktion als empirisches Fundament aller Modellbildung zu fiktionalisieren.

Ein sich literaturtheoretisch zu Wort meldender Autor hat zunächst ein alles andere überragendes Interesse: sich seinen eigenen kreativen Freiraum zu erhalten bzw. ihn durch ‚Gesetze' und Wesensbehauptungen so wenig wie möglich einzuengen. Deshalb könnte der folgende Satz aus Sir Philip Sidneys *Apology* als Leitmotiv über dem Großteil der sich anschließenden Beiträge von Dryden bis Eliot stehen: „For poesy must not be drawn by the ears; it must be gently led, or rather it must lead" (Sidney 1962: 447). Die Abwehr des theoretischen Dirigismus zugunsten des poetischen Selbstbestimmungsrechts äußert sich strukturell in der Verwendung offener Darstellungsformen, zum Beispiel des Dialogs, auf den sowohl John Dryden in seinem *Essay of Dramatic Poesy* (1668) wie auch Oscar Wilde in den beiden *Intentions*-Essays „The Critic as Artist" und „The Decay of Lying" von 1891 zurückgreifen. Aber bei näherem Hinsehen sind selbst präskriptive Regelpoetiken nach dem Prinzip der Dialogizität aufgebaut, jedenfalls dann, wenn sie in einem schöpferischen Kopf wie dem von Alexander Pope recycelt werden.

Popes *Essay on Criticism* (1711) ist oft als versifizierter Klassizismus und unoriginelle, aber marktgängige Popularisierung der ästhetischen Grundüberzeugungen seiner Epoche abgetan worden; in Wirklichkeit stellt er den Absolutheitsanspruch der Orthodoxie über Rede und Gegenrede gerade wieder zur Debatte. Jedem poetologischen Dekret läßt er die Ausnahme folgen, die es suspendiert. Die Imponiervokabeln *Nature* und *Rules* sehen sich so von „nameless graces which no methods teach" (Z. 144) und von „some lucky licence" (Z. 148) in Frage gestellt, die Pope mit einer Art Taschenspielertrick sogar in den Rang des Regelrechten aufsteigen läßt: „Licence is a rule" (Z. 149). Der Selbstgefälligkeit und Selbstgerechtigkeit des Kunstrichters opponiert der Anspruch des Werks, mit eigenen Maßstäben gemessen zu werden: „A perfect judge will read each work of wit / With the same spirit that its author writ" (Z. 233f.). Und die Unterwerfungslust von poetischen Erfüllungsgehilfen und mühelos programmierbaren Zeitgeistschreiberlingen, die schon Sidney als „poet-apes" der Lächerlichkeit preisgegeben hatte, prangert Pope mit dem Hinweis an, daß Perfektion nicht selten steril sei, die Normverletzung aber zum ästhetischen Gütesiegel werden könne: „Great wits sometimes may gloriously offend / And rise to faults true critics dare not mend" (Z. 161f.).

Manchmal stößt die Aufmüpfigkeit literarisch autorisierter Dichtungstheoretiker so pausbäckig ins Horn wie bei dem ergrauten Heißsporn Edward Young, der in den *Conjectures on Original Composition* (1759) den Lammfrommen noch als fast Achtzigjähriger sein „*Know thyself!*", „*Reverence thyself!*", „Throw away thy crutches!" entgegenschleuderte. Manchmal meldet sich die Unlust an Vorschriften frivol-aphoristisch zu Wort wie in Oscar Wildes „Don't degrade me into the position of giving you useful information" (Wilde 1979: 1016) oder dem kategorisch antikategorischen „It is only the intellectually lost who ever argue" (ebd. 25). Nie aber fehlt diese Skepsis und Reserviertheit gegenüber den Allerklärungsansprüchen, den Vereindeutigungs- und Vereinseitigungstendenzen des Metadiskurses ganz. Die schöne Seele bewahrt die theoretische, könnte man salopp formulieren, vor definitorischen und nomothetischen Exzessen. Und selbst im gegnerischen Lager, bei den poetologischen Chefanklägern der Literatur, wirkt sie noch strafmildernd und subversiv.

Auch die großen Denunziatoren der Theoriegeschichte reden mit anderen Worten nicht ohne Autorisation, sondern als Renegaten, d.h. Ex-Insider und Ex-Initiierte. Platon hatte sich als Epiker und Dramatiker versucht, bevor er sich der Philosophie zuwandte, und die Trauer über das Verlorene schwingt noch Jahrzehnte später in der *Politeia* nach, wo er seiner Ausbürgerung einer ‚wehrkraftzersetzenden' und ‚verweichlichenden' Poesie, ihrer Exilierung aus Staatsräson, eine ganz unschneidige und die eigene Zerrissenheit spiegelnde Nachrede folgen läßt:

> Wir [werden] es machen wie diejenigen, die einmal in irgendeinen verliebt waren. Wenn sie nämlich die Überzeugung gewinnen, daß ihre Liebe unnütz sei, reißen sie sich mit Gewalt von ihr los, so schwer es ihnen auch werden mag. So ist es auch bei uns. Wir hegen Liebe zu dieser Art von Poesie [...]. Solange sie sich aber nicht rechtfertigen kann, werden wir [... uns] gegen sie schützen. (Platon 1961: 404f.)

Dieser philosophische Selbstschutz war allerdings so löchrig und unvollkommen, daß die Vertreter der Inspirationstheorie, die der Kunst einen maximalen Spielraum einräumt und ihre ‚Alterität' hochhält, sich bis heute unwidersprochen auf Platons Dialog *Ion* berufen können.

Einer der Wortführer der puritanischen Opposition gegen das Theater war Stephen Gosson. Nachdem er mit eigenen Stücken nicht über Achtungserfolge hinausgekommen war, wechselte er die Fronten und ließ sich seine Kampfschrift *The Schoole of Abuse* (1579) von den Londoner Magistratsherren vorfinanzieren. Gewidmet war das Pamphlet Sir Philip Sidney, der von dieser Vereinnahmung nichts wußte und mit seiner *Apology* unmißverständlich klarstellte, daß es keine Berührungspunkte mit dem sittenstrengen und unterhaltungsfeindlichen Fundamentalismus gab. Trotzdem hatten die ‚Reinen' mit Gosson ein Kuckucksei eingekauft und bebrütet, denn seine Tiraden und Bannflüche sind mit großem rhetorischen Geschick verfaßt, seine Vergleichskaskaden Lehrbuchbeispiele für das *copia*-Ideal seiner Zeit, dem es um den Eindruck eines mühelosen Aus-dem-Vollen-Schöpfens ging. Kurz, die Diffamierung aller nichtreligiösen und unerbaulichen Literatur ist selbst ein Lektüregenuß und verlockt zum Verbotenen; der Kunst, im Vordergrund mit Schimpf und Schande vertrieben, wird das Hintertürchen sperrangelweit offengehalten; und der puritanische Schwarmgeist Gosson tritt am Ende doch wieder als bekennender Platoniker auf und wünscht sich sein Alter ego vielleicht noch sehnlicher zurück als der größte Dialogschreiber – der abendländischen Philosophiegeschichte:

> If players can [...] make it good in their Theaters, that there is nothing there noysome to the body, nor hurtfull to the soule [...] goe thither und spare not [...] myselfe will beginne to leade the daunce. (Gosson 1970: 34)

Daß die Poesie unter die Räder gekommen sei, hat als letztes Beispiel für eine literarisch infiltrierte radikale Kunst- und Literaturkritik im 19. Jahrhundert auch Thomas Love Peacock behauptet; allerdings ist der Zermalmer nicht mehr ein reformerisch-purgiertes

Christentum, sondern die Ersatzreligion des wissenschaftlichen Fortschritts. Er räumt unaufhaltsam mit den Anachronismen auf: „A poet in our times is a semibarbarian in a civilized community [...] a waster of his own time, and a robber of that of others" (Peacock 1992: 513f.). Das letzte der *Four Ages of Poetry* (1820) ist eingeläutet; der Kinderkram und das Spielzeug früherer Zivilisationsstufen – „the mental rattle that awakened the attention of intellect in the infancy of civil society" (ebd.: 514) – werden von den Wissenschaftlern und Ingenieuren eingesammelt und konfisziert. Peacock gehörte, es kommt kaum überraschend, dieser Gruppe keineswegs an. Er war ein erfolgreicher Unterhaltungsschriftsteller und Romancier und damit auf der Seite des Abgeräumten. Noch heute streiten sich die Interpreten, bis zu welchem Grad der Autor die utilitaristische Beisetzung des Poetischen propagierte oder satirisch zu hintertreiben versuchte. Percy Bysshe Shelley jedenfalls nahm die Ausführungen seines Freundes ernst genug, um darauf mit der nach Sidney zweiten großen *Defence of Poetry* (1821) zu antworten. Wir sollten Peacocks Abgesang als Dokument einer inneren Zerstrittenheit würdigen, bei der ein Bauchredner nicht mehr zu seiner eigenen Stimme zurückfindet und ein Literat so in der Rolle des *advocatus diaboli* aufgeht, daß er sich am Ende um Kopf und Kragen geredet hat. Jedenfalls steht auch hier außer Zweifel: nicht anders als Platon und Gosson kennt Peacock in- und auswendig, was er verdammt, und während in den ersten beiden Fällen ein Schattenliterat immer wieder für mildernde Umstände plädiert, nimmt im dritten Beispiel der Satirevorbehalt Peacock vor seiner allzu perfekten Identifikation mit den *mysomousoi* des Manchester-Kapitalismus in Schutz.

Niemals wird es dem theoretisierenden Literaten gelingen, den anarchischen Freiheitsdrang in sich auszulöschen, niemals wird ein Renegat die Erinnerung an sein noch so embryonales Künstlertum loswerden, das seine späteren Verbotstafeln korrosiv anfrißt. Und auch die Gefahren eines abgehobenen, zügellos ins Kraut schießenden Drauflosabstrahierens und -dekretierens werden beiden Personengruppen stets im Bewußtsein bleiben. Verantwortliche Theoriebildung zielt deshalb nicht auf die Domestizierung von Kunst, wohl aber auf die Selbstzähmung der Theoretisierer. Am Ende einer bemerkenswerten Karriere und angesichts der verheerenden Konsequenzen des postmodernen ‚Imperialismus' ist Murray Krieger bei eben dieser Selbstbescheidung angekommen:

> The only theory [...] is one that would undo both itself and the very theoretical urge, by acknowledging its own impotence before all that the poem performs, all that it makes happen on its own. (Krieger 1994: 83)

Nur ist die konzeptuelle Uneinholbarkeit des Kunstwerks in der Theoriegeschichte längst kodifiziert und diese Einsicht dort seit Jahrhunderten abrufbar. Prinzipienreiterei und Zurechtweisungslust sind immer als Alarmsignal empfunden worden und nirgendwo ist das leichter zu exemplifizieren als an dem schon behandelten ‚Lehrgedicht' Popes.

Ausgerechnet dieses ‚Drittverwertungsprodukt' der französischen Importpoetik und englischer Adaptierer wie Rymer, Gildon und Dennis beginnt autoreflexiv mit einem Kommentar zur Situation der Kritik und ihrer Neigung zur Selbstüberschätzung, wobei der kulturelle Flurschaden, der durch inkompetente Kommentare angerichtet wird, nach Pope weit mehr ins Gewicht fällt als die Folgewirkungen literarischen Mißlingens:

> 'Tis hard to say if greater want of skill
> Appear in writing or in judging ill;
> But of the two, less dang'rous is th'offence
> To tire our patience than mislead our sense. (Z. 1-4)

Literarisches Genie ist, wie Pope weiter ausführt, ähnlich selten wie „true taste", also kritische Sensibilität, und allein Primärkontakt zur Literatur qualifiziert zu verläßlichen Werturteilen: „Let such teach others who themselves excel, / And censure freely who have written well" (Z. 15f.). Diesen Grundsatz sieht er vielerorts aufgegeben oder gefährdet, wobei gerade die – von ihm doch angeblich bloß reproduzierte – Regelpoetik eine unrühmliche Rolle spielt. Sie erlaube es nämlich Theoriegläubigen, Autoren als gleichsam von Natur aus anfällig zu begreifen und sich mit Patentrezepten in den Vordergrund zu spielen:

> So modern 'pothecaries, taught the art
> By doctor's bills to play the doctor's part,
> Bold in the practice of mistaken rules,
> Prescribe, apply, and call their masters fools. (Z. 108ff.)

In David Humes einige Jahrzehnte später veröffentlichtem Essay „Of the Standard of Taste" wird diese Beobachtung universaliert. Obwohl heute fast ausschließlich als Erkenntnistheoretiker präsent, war Hume ein Grenzgänger zwischen Literatur, Historiographie und Philosophie. „Almost all my life has been spent in literary pursuits and occupations" (zit. nach Fabian 1991: 217), sagte er von sich selbst und gehört deshalb nicht nur als stilbewußter und stilbildender Prosaautor zur Riege literarischer Insider unter den Theorieproduzenten. In der genannten Abhandlung stellt er höchste Anforderungen an die Feinnervigkeit, Unparteilichkeit und Belesenheit des mit „delicacy of taste" begabten Interpreten, aber von noch entscheidenderer Bedeutung ist seine ebenso schlichte wie pointierte Redefinition der Rolle der Literaturkritik und Literaturtheorie. Sie hat nach Hume in erster Linie nämlich nicht den Autor, sondern sich selbst ins Visier zu nehmen, und ihre vorrangige Tätigkeit besteht nicht im Kampf gegen das literarische Machwerk, sondern im Unterbinden einer anmaßenden Krittelei. „To silence the bad critic" (Hume 1964: 273) schreibt Hume der Theorie ganz oben in ihren Aufgabenkatalog.

Erst die Postmoderne hat diesen kategorischen Imperativ ersatzlos gestrichen, weil ihr Diskurs über die Literatur hinweg nichts anderes und Besseres mehr kennt als sich selbst. Die Intimität, die Intensität dessen, der das praktiziert, wovon Theorie immer nur reden kann, ist ihr fremd geworden, denn nach ihrer Institutionalisierung braucht sie Planungssicherheit und Kontinuitätsgarantien. Auf den Glücksfall des Literaten, der aus eigenem Antrieb oder wegen ‚herausfordernder' Zeitumstände über sein Medium und Metier zu reflektieren beginnt, kann sie nicht mehr warten. Der unter ständigem Qualifikations- und Selbstbehauptungsdruck stehende akademische *professional* interagiert deshalb nach einer Übergangsphase nur noch mit seinesgleichen, so daß das Handicap eines halbierten Erfahrungsraums nicht mehr sichtbar ist bzw. die Einäugigkeit rein theoretischer Kompetenz jetzt sogar als Wettbewerbsvorteil gegenüber der ‚Anomalität' jener Doppelexistenzen ins Feld geführt werden kann, die die Theoriebildung von der Antike bis zur Moderne entscheidend geprägt hatten.

Diese Abschottung ist mehrfach beschrieben worden und läßt sich als Durchsetzungsprämie des *New Criticism* begreifen. Vorher waren Kommentar und Metakommentar eine im wesentlichen außerakademische Angelegenheit:

> During the first three decades of the century, nearly all of the major critics were journalists, men-of-letters, or what we might term ‚general critics.' Some had academic affiliations [...]. But these critics – Bourne, H. L. Mencken, Edmund Wilson, and the others – made their living outside the academy. (Cain 1984: 1)

Danach entsteht ein – erstmals nennenswerter – universitärer Markt, der zunächst genau jene Dichter-Kritiker anzieht, auf deren Ausgrenzung seine weitere Entwicklung hinausläuft. „Cleanth Brooks, John Crowe Ransom, Yvor Winters, Allen Tate and Caroline Gordon", zählen Robert Davis und Ronald Schleifer auf, „all of them [were] writers and poets" (Davis/Schleifer 1991: 81); aber zugleich sind die neuen Amtsinhaber auch zu einer Art Loyalitätstransfer bereit und lassen sich wie Ransom, der nach drei publizierten Gedichtbänden nur noch als Herausgeber und Kritiker fungierte, von ihrem professoralen Tätigkeitsfeld mehr und mehr vereinnahmen. Die Folge dieser existenzsichernden Abdrift in Richtung „Criticism, Inc." ist die Selbstausbootung der Freischaffenden und ihr wie selbstverständliches Ausscheiden aus dem Rekrutierungspool:

> By mid-century not only was New Criticism the dominant mode of literary study, but criticism had become institutionalised in the universities. The new subject was growing fast [...]. Literature teachers [...] were expected to be active as critics and scholars. Literary research leading to the PhD was the main qualification for entry into the profession and, once employed, most teachers were encouraged to publish regularly. [...] Critics were nearly all pedagogues rather than journalists or poets, and for the first time there emerged new ‚schools' which neither participated in, nor claimed allegiance to, contemporary developments in imaginative writing. (Parrinder 1991: 270)

Damit ist der Bruch zwischen literarischer Praxis und akademischer Forschung und Lehre, zwischen Literatur und Literaturwissenschaft vollzogen und die ‚Wegspezialisierung des Gelehrten vom Literaten' (Muschg 1992: 175), die Adolf Muschg mit der industriellen Revolution beginnen läßt, an ihrem Extrempunkt angekommen. Das Aufsprengen der alten Identität des *poeta doctus*, die „Spaltungsneurose" (ebd.: 174), die übrigens auch für die Autoren Abkapselungs- und Verarmungseffekte nach sich zieht, treibt den Theoretiker aus dem Zwiegespräch mit dem künstlerischen Alter ego in den Pseudodialog mit anderen ausgewiesenen Experten. Die Primärerfahrung der Urheberschaft kommt dabei nur noch indirekt über Literaturgeschichte und nach deren Ausblendung gar nicht mehr zu Wort. Der Diskurs verscholastisiert; Schulautoritäten wie Derrida, Greenblatt oder Kristeva treten an die Stelle der einzig legitimen und deshalb mit allen theoretischen Mitteln bekämpften *auctoritas*, der Selbsterfahrung des Autors. Die Literaturwissenschaft und Literaturtheorie hat sich ihrer bei weitem wichtigsten Erfahrungsquelle beraubt und die Warnung Tzvetan Todorovs in den Wind geschlagen:

> Now criticism is dialogue, and its own interest is best served by recognizing this openly, it is a meeting of two voices, author's and critic's, and neither has the advantage over the other. However, critics of various persuasions find common ground in their refusal to recognize this dialogue. Whether consciously or not, the dogmatic critic [...] allows a single voice to be heard: his own. (Todorov 1988: 161)

Die *mysomousoi* vergangener Tage verfügten zumindest noch über eine selektive Wahrnehmung, und auf den Frequenzen, die sie für anstößig hielten, war ihr Gehör von geradezu fabelhafter Schärfe. Ihre Nachfahren erreicht auf allen Kanälen nur noch das immer gleiche Rauschen der Zeichenströme, die nach dem Untergang der Signifikate keinerlei Botschaft mehr zu transportieren vermögen. Warum das eigene professionelle Hochtönertum von der großen Unverständlichkeit ausgenommen sein soll, wissen die Götter. Nur haben die schon immer mit der Kunst und den Künstlern gemeinsame Sache gemacht, und folglich nichts zu bestellen. Wohl auch deshalb sieht sich der so unbeugsam-zerrednerische literaturtheoretische Atheismus zur Selbstanbetung geradezu verpflichtet.

4. Auftritt der Doppelgänger

Der Aufstieg postmoderner Theorie scheint synchronisiert zu sein mit dem Abstieg der Literatur, die ihrer Autoren wie der Differenzqualität ihrer Texte verlustig geht und sich am Ende mit einer Paria-Existenz zu bescheiden hat, die die tiefe, ja tödliche Verachtung der neuen Brahmanen auf sich zieht. Deren Weg kommt ihnen auch ohne den kunstvollen Klotz am Bein dornig genug vor, und Jonathan Culler macht klar, daß die Sisyphusarbeit keiner Mythen und Geschichten mehr bedarf, um sich selbst zu perpetuieren und als endlose Herausforderung zu feiern:

> Theory is intimidating. One of the most dismaying features of theory today is that it is endless. It is not something you could ever master, not a particular group of texts you could learn so as to ‚know theory'. It is an unbounded corpus of writings which is always being augmented as the young and the restless, in critiques of the guiding conceptions of their elders, promote the contributions to theory of new thinkers. [...] At times, theory presents itself as a diabolical sentence condemning you to hard reading in unfamiliar fields, where even the completion of one task will bring not respite but further difficult assignments. (Culler 1997: 15f.)

Theorie ist auch ohne Poesie autopoietisch, selbstverjüngend und sinntranszendent, denn der asketische Leistungswille stürzt sich in die intellektuelle Zwangsarbeit, verausgabt sich in der Tretmühle der Paradigmen, um sich in ihren diversen *prison-houses* und Strafkolonien nicht als absurd-kafkaeske Veranstaltung durchschauen zu müssen, um der Selbsterkenntnis – und insbesondere der Selbsterkenntnis im Spiegel der Literatur – zu entgehen.

Solche literarischen Reflektoren, müßte man spätestens hier einwenden, mögen nun theorieimmanent konsequent demontiert worden sein, aber im größeren institutionellen Kontext der anglo-amerikanischen Universitäten bleiben sie doch unangetastet und sind dort ebenso verläßlich anzutreffen wie das Kaleidoskop der für relevant erklärten Ismen. Warum könnte bei dem Schweizer Schriftsteller und Germanisten Adolf Muschg sonst Neid aufkommen? Muschg sieht sich in seinem Umfeld einem nur schwer erträglichen Rollenkonflikt ausgesetzt – „Noch immer klingt die Frage, wie ich denn meine Schriftstellerei vereinbaren könne mit meinem Lehrauftrag an einer Hochschule, wie ein moralischer Vorwurf" (Muschg 1992: 173) – und wünscht sich statt dessen ausländische Verhältnisse:

> Daß der Germanist, wenn er gut ist, so gut ein Schriftsteller ist wie ein anderer, wäre auf Französisch keine Neuigkeit. Ecrivain, écriture sind dort keine Spezialwörter für Belletristen. [...] In England oder den USA (um nicht schon wieder von Frankreich zu reden) brauchte sich sein Talent auch in seinem Fach nicht bloß akademisch zu äußern. (Ebd.: 174f.)

Muschg hat recht. Trotz der Exorzismen der zeitgenössischen Cheftheoretiker legen englische und amerikanische Bildungseinrichtungen Doppelbegabungen immer noch sehr viel weniger Steine in den Weg als ihre deutschen Äquivalente, und darüber hinaus sorgen ‚Nischen' wie die des *poet in residence* oder die zum offiziellen Lehrangebot zählenden *creative writing courses* für die ständige Präsenz des Literarischen und der Literaten im akademischen Raum.

Ist also Entwarnung zu geben und das Eingeständnis fällig, daß wir uns von der Theatralität der Monologisierer haben blenden und überfahren lassen? Sind die neuen *mysomousoi* dem *élan vital* der Fiktionen ebenso wenig gewachsen wie ihre das *Commonwealth* auf Bibel, Schwert und Henkerbeil gründenden puritanischen Gesinnungsgenossen? War der Elefant im Porzellanladen am Ende nur eine Schaufensterdekoration? Das letzte Wort darüber ist noch nicht gesprochen, denn erstens haben Restauration und *Glorious Revolution* noch nicht stattgefunden, wird der Verdrängungswettbewerb theorieseitig nach wie vor weiter angeheizt. Und zweitens mehren sich die Stimmen, die auch die friedliche Koexistenz der beiden Widersacher im Schonraum der Alma mater für ein Wunschbild halten, das der Realität nicht mehr entspricht.

So hängt anspruchsvolle Literatur für Paul H. Fry längst am akademischen Tropf und perpetuiert sich auf diese Weise kaum weniger inzestuös als der theoretische Autismus: „‚Serious' writing is on the sort of life-support system afforded by workshops, reading circuits, and jobs teaching undergraduates how to be writers under the selfsame hothouse conditions" (Fry 1995: 2). Dabei ist das einzige, was die Kunst nicht verträgt, der Kunstdünger der Wohlmeinenden. Er sorgt für eine Scheinblüte und irreversible Schädigungen. Und warum auch die Subventionskultur der Hochschulen diesen Konsequenzen nicht entgeht, kann George Steiner nach einem kurzen Blick auf die milieutypische ‚Umgangssprache' mit zwei Sätzen erklären: „We cultivate those bards who [...], can be taught'. Observe the semantic duplicity: poets who can be taught are also teachable" (Steiner 1989: 38).

Wem diese Auskunft zu sibyllinisch ist, der stößt bei dem englischen Lyriker und Bibliotheksdirektor Philip Larkin auf eine ausführlichere, wenngleich nicht weniger illusionslose Darstellung. Er hat sie unter dem Titel „Subsidizing Poetry" schon 1976 aus Anlaß der Verleihung des Shakespeare-Preises vorgetragen. Larkin geht von dem Befund aus, daß die Leserverluste zu einer Art Zwangsrekrutierung von Rezipienten und zur Etablierung eines nahezu geschlossenen Kreislaufs zwischen subventionierter Produktion und ihrer über den Lehrbetrieb abgewickelten Konsumption geführt hätten. Dabei wählt sich die Philologie kongeniale, d.h. deutungsbedürftige Textproduzenten aus, alimentiert sie als Dozenten oder *writers in residence*, verhilft ihren Produkten dadurch zu immerhin respektablen Auflagen, daß sie sie zur Kurslektüre macht, und erwartet dafür im Gegenzug paßgenaues Analysematerial, anhand dessen sie ihre Deutungstechniken widerstands- und störungsfrei vorexerzieren und ihre avancierten Literaturmodelle risikolos von der Praxis bestätigen lassen kann. Nach außen hin vermag sich diese intellektuelle Subsistenzwirtschaft das Erscheinungsbild eines auf Dauer gestellten Kulturbooms zu geben. Der ‚verphilologisierte' Autor aber hat sich in einem „cunning merger between poet, literary critic and academic critic" (Larkin 1983: 81) den Verwertungsinteressen der Institution ausgeliefert und wird sich nur dann an diesen Leistungserwartungen nicht aufreiben, wenn er es fertigbringt, sie auch noch zu verinnerlichen:

> If the poet engages in this exegesis and analysis by becoming a university teacher the danger is that he will begin to assume unconsciously that the more a poem can be analysed – and therefore the more it needs to be analysed – the better poem it is, and he may in consequence, again unconsciously, start to write the kind of poem that is earning him a living. (Ebd.: 89)

Es ist also nicht so, daß die Theoretikerfraktion, die sich noch mit Literatur abgibt, ihren Paternalismus nur *post festum* in der interpretatorischen Zurichtung schon vorliegender Texte auslebte. Vielmehr infiltrieren ihre Vorstellungen auch die Produktion und homogenisieren sie auf die von Larkin beschriebene Weise. Und selbst jene extremen *mysomousoi*, die ihre ‚Flucht vor allem Ästhetischen' aus der *literary theory* in die *theory* getrieben hat, färben – gerade durch das Kappen aller Verbindungen, durch die konsequente Verweigerung des Dialogs – weiterhin ab. Ihre totale Indifferenz gegenüber literarischer Kreativität hat für das Qualitätsniveau des Vorgelegten nicht weniger negative Auswirkungen als das selektive Verhätscheln theoriekonformen ‚Meistersangs'. „Right now we have, at least as I see it, an enervated literary culture", schreibt Mark Edmundson, „because the critics are not talking to – or defending – the poets any more" (Edmundson 1996: 64).

Gerald Graff beklagt eine „critical permissiveness" (Graff 1979: 209), die ihre schützende Hand auch über Triviales und Inhaltsleeres halte, der generellen ‚Erschlaffung' also Vorschub leiste, statt ihr entgegenzutreten. Und Patrick Parrinder stimmt in *Authors and Authority* der Diagnose zu: „There is a direct link between the alleged weakness of creative writing in England and America and the hypertrophy of criticism and theory" (Parrinder 1991: 338). Durch Mißachtung und ‚Überdüngung', könnte man diese Beobachtung noch untermauern, trägt die Theorie unermüdlich zur Entstehung und Entfaltung einer Literatur bei, die ein solches hochmütiges Abwinken schließlich verdient oder nur noch unter dem akademischen Sauerstoffzelt matte Lebenszeichen von sich gibt.

Und die Betroffenen, die entweder in Ungnade entlassenen oder handzahm gefütterten Autoren, lassen sich diese Behandlung schulterzuckend gefallen? Jein, denn auf der einen Seite gibt es selbstredend Stimmen des Protestes, die die Dinge so ungeschminkt beim Namen nennen wie der amerikanische Lyriker Louis Simpson:

> For twenty years American poets have not discussed the nature of poetry. [...] If poets do not speak for themselves, others will speak for them, and when poets vacated the platform critics rushed to take their place. Those who have no great liking for poetry like to explain it. [...] When the theory of art is divorced from the practice it becomes absurd. (Simpson 1986: 3)

Auf der anderen Seite aber überwiegt ein resignatives ‚Wie du mir, so ich dir', d.h. die Praktiker antworten auf die Selbstabschottung der Theorie mit Selbstabschottung, auf die Gesprächsverweigerung der Gegenseite ihrerseits mit Kommunikationsverzicht. Die Desintegration der über viele Jahrhunderte höchst fruchtbar interagierenden Bereiche scheint an einem Punkt angekommen, an dem sie unumkehrbar geworden ist: „Today the split between creator and critic has never seemed wider" (Parrinder 1991: 346). Das Niemandsland zwischen den Fronten ist vermint; statt eines ununterbrochenen Hin und Her, statt der Doppelallianzen und Doppelidentitäten, statt einer im Wortsinn autorisierten Theorie gibt es nur noch eine Handvoll Parlamentäre, die auf beiden Seiten der Demarkationslinie anzutreffen sind. In ihnen hat das Standardmodell traditioneller Literaturtheorie, also die zu theoretischer Selbstverständigung fähige und bereite literarische Kreativität, auf prekäre Weise überlebt.

Drei dieser verspäteten Doppelgänger, David Lodge, Terry Eagleton und Malcolm Bradbury, werden im folgenden in der Hoffnung vorgestellt, Auskunft über die Restdurchlässigkeit der Sperranlagen und die Zukunftschancen des von ihnen praktizierten kleinen Grenzverkehrs zu erhalten. Daß das Ergebnis eher ernüchternd ausfallen könnte, wird zumindest den nicht überraschen, der zwei Überläufern zugesehen hat, die in vorgerückten Jahren von der Theorieseite aus in die Reihen der Autoren zu gelangen suchten, und zwar nicht durch Umdeklarieren ihrer Theorieentwürfe zu „severe poems", sondern durch literarische Debüts. Harold Bloom hat 1979 *The Flight to Lucifer: A Gnostic Fantasy* vorgelegt, Hazard Adams neben einem Gedichtband gleich drei Romane. Und beide sind auf diesem unvertrauten Terrain und bei dem Versuch, nach akademischen Meriten auch noch den Lorbeer der Kunst einzuheimsen und sich von ausgewiesenen Experten in Insider zurückzuverwandeln, kläglich gescheitert. Der hilflose Gnosis-Roman Blooms läßt Doris Lessings *Briefing for a Descent into Hell* in umso infernalischerem Licht erstrahlen; Hazard Adams' *campus novel* ist ein denkbar papierenes Exemplar dieser 1999 ohnehin ausgepowerten Gattung und wird trotz des animierenden Titels *Many Pretty Toys* so schnell keinen Leser finden, der sich beim Mitspielen vergäße. Alles sieht danach aus, als sei an Theoretiker-Schreibtischen ein längst ad acta gelegtes poetologisches Prinzip wieder in Kraft getreten, das der ausgleichenden Gerechtigkeit oder *poetic justice*. Übersiedlungsanträge werden danach auf Kosten des Antragstellers entschieden, und die Figur, die er nach der Einreise in den Freistaat der Fiktionen macht, ist gewöhnlich die des von den Landessitten verunsicherten, von den Erwartungen an sich selbst überforderten *alien*.

4.1 Fallstudie Lodge

Wenn das Verdikt James J. Sosnoskis aus *Token Professionals and Master Critics* zutrifft: „Theory as a specialized field separate from practice is a recent aberration" (Sosnoski 1994: 162), dann haben wir es bei David Lodge und seinen beiden Mitstreitern zugleich mit Normalfällen und lebenden Fossilien zu tun. Im Gegensatz zu Bloom und Adams werden sie nämlich nicht irgendwann ‚auch noch' literarisch tätig, sondern haben ihre gleichsam doppelte Staatsangehörigkeit über Jahrzehnte bewußt aufrechterhalten und aktiv genutzt; Lodge hält fest:

> For most of my adult life, from 1960 to 1987, I combined an academic career as a university teacher and scholar with writing novels. I tried to keep a balance between these two activities; and throughout this period I published, more or less by design, a novel and a work of literary criticism in alternation. (Lodge 1997: 4)

Der Klappentext zu seinem 2001 erschienenen Roman *Thinks* führt elf weitere belletristische Publikationen auf, darunter so erfolgreiche Titel wie *The British Museum is Falling Down* (1965), *Changing Places* (1975) und *Small World* (1984), drei *campus novels*, die im Gegensatz zu Adams' Zerschreibung des Genre parodistische Höhepunkte seiner Entwicklung markieren. Auf der Theorieseite gibt es fünf eigenständige Buchveröffentlichungen von *The Language of Fiction* (1966) bis zu *Working with Structuralism* (1981) und *After Bakhtin* (1990), zwei Reader und drei Essaybände. Alles in allem ein Gesamtwerk, das auf den ersten Blick ganz ohne Brüche und Verwerfungen daherkommt, so als sei dem Autor nichts leichter gefallen, als auf zwei Hochzeiten zu tanzen, was er seinen Lesern im Vorwort zu *The Practice of Writing* im übrigen auch noch schriftlich gibt: „I have never felt that there is any conflict or contradiction between being a self-aware creative writer and an analytical, formalist critic at the same time" (Lodge 1997: ixf.).

Die Erinnerung vergoldet, denn wie sonst wäre es zu erklären, daß ein Mensch, der so in eitel Wonne und im Einverständnis mit sich selbst und seiner akademischen Umgebung gelebt hat, sich ein knappes Jahrzehnt vorher zu einer radikalen Zäsur gezwungen sah und mit seiner Schreibhand nach der Notbremse langte?

> In 1987 I retired from university teaching, and although I expect to go on writing literary criticism, I doubt whether much of it will be oriented towards an academic readership. One component of that decision was a feeling that it was becoming harder and harder to make meaningful connections between an academic criticism increasingly dominated by questions of Theory, and the practice of creative writing. (Ebd.: 4)

Hinter der Fassade einer harmonischen Wechselwirkung war also doch die Zerreißprobe nicht zu vermeiden gewesen und das Sowohl-als-auch in ein auswegloses Entweder-oder umgekippt, das dem Literaten Lodge keine Wahl mehr ließ. Angedeutet hatte sich die Unmöglichkeit, Theorie und Literatur auf Dauer unter einen Hut zu bringen, natürlich schon früher, so zum Beispiel in dem 1980 im *Observer* veröffentlichten Artikel „Structural Defects".

Er ist ein bemerkenswertes Beispiel für das, was George Orwell in *Nineteen Eighty-Four* als *doublethink* bezeichnet, als Nebeneinanderstehenlassen sich ausschließender Ansichten. Lodge macht mit dem Eingeständnis einer beängstigenden Fehlentwicklung auf:

> As an academic critic and university teacher specializing in modern literature and literary theory, I spend much of my time these days reading books and articles that I can barely understand and that cause my wife (a graduate with a good honours degree in English language and literature) to utter loud cries of pain and nausea if her eyes happen to fall on them (Lodge 1988a: 113),

und liefert im folgenden eine kleine Phänomenologie der vertheoretisierenden strukturalistischen und poststrukturalistischen Literaturwissenschaft. In seiner Skizze ist von Prestigeverlust durch Unverständlichkeit und durch mangelndes Engagement für den literarischen Text die Rede. Die eigenen Erfahrungen mit der Verkapselung des akademischen Diskurses werden zu Protokoll gegeben: „A few years ago I published a book applying it to different modes of modern literature. [...] But outside the academic world it was received with bafflement and sometimes derision" (ebd.: 114). Und die Unzugänglichkeit und Hermetik des „prestigious but impenetrable jargon" (ebd.) wird aus dem Einschüchterungspotential dieser Sprache erklärt. Daraus die Konsequenzen zu ziehen aber ist Lodges Sache nicht. Der Artikel endet in Antiklimax und Devotion. Mögen seine Vertreter so angreifbar sein, wie sie wollen, der Poststrukturalismus ist „the most significant intellectual movement of our time" (ebd.: 115), und der Bannstrahl trifft die Vermittler und Popularisierer, denen es nicht gelungen sei, den Ideen der neuen Avantgarde die verdiente Breitenwirkung zu sichern.

Ein ähnliches Übersprungverhalten, bei dem die Aggression vom übermächtigen Gegner abblitzt auf ein dem ‚Geladenen' über den Weg laufendes schwächeres Gegenüber, findet sich auch in der Einleitung zu Lodges zweitem Reader *Modern Criticism and Theory*. Obwohl erst 1988 auf den Markt gekommen, ist er noch während der universitären ‚Verpflichtung' seines Herausgebers konzipiert und zusammengestellt worden, und im Vorwort sind die Spannungen zwischen dem Multiplikator und dem zukünftigen Aussteiger deutlich zu spüren. Wieder besteht die kritische Stimme auf ihrem Rederecht:

> The complaint more commonly heard today is that modern criticism's obsession with theory undermines the study of literature in a more fundamental way, by questioning its very foundations, such as the idea of the author as origin of a text's meaning, the possibility of objective interpretation, the validity of empiri-

cal historical scholarship and the authority of the literary canon. (Lodge 1988b: xi)

Und wieder läßt Lodge die massiven Vorhaltungen verpuffen, indem er über eine Sündenfallmetaphorik menschliche Inkonsequenz und Schwäche ins Spiel bringt und die Theoretiker dadurch exkulpiert, daß er uns allen die gleiche Fehlbarkeit bescheinigt, die sich dann eben zähneknirschend mit den vollendeten Tatsachen abzufinden habe:

> The answer is not to try and ignore or suppress the existence of theory. We have eaten the apple of knowledge and must live with the consequences. Literary criticism can no longer be taught and practised as if its methods, aims and institutional forms were innocent of theoretical assumptions and ideological implications. (Ebd.)

Der Literat Lodge hat dieses resignative Mitspielen interessanterweise oft genug durch ironisches Dagegenhalten ersetzt. Als Beleg drängt sich eine Szene aus *Small World* geradezu auf. Dort hält Morris Zapp, der charismatische Vertreter der amerikanischen Theorie-Avantgarde, einen Vortrag mit dem Titel „Textuality as Striptease", der Rhetorik und Argumentationsstil der *Yale deconstructionists* auf (irr)witzige Weise persifliert und auch die Reaktionen des britischen Traditionalismus bis zur Kenntlichkeit überzeichnet:

> „Theory?" Philip Swallow's ears quivered under their silvery thatch, a few places further up the table. „That word brings out the Goering in me. When I hear it I reach for my revolver." (Lodge 1985: 24)

Die Rage des von der Entwicklung Überrollten hier, die Skandalisierungslust und Chuzpe des erfolgsgewohnten Trendsetters dort, so beschreibt Lodge die Konstellation, ohne sie einfach als ‚faktisch' abzusegnen. Während er Zapp fast schon mechanisch Erfolg um Erfolg in den Schoß fallen läßt, stärkt die Sympathielenkung dem ‚ewiggestrigen' Swallow den Rücken, der in der sich anschließenden Diskussion keineswegs das letzte Wort behält, vom Leser aber mit einem Integritätsbonus bedacht wird. Das liegt daran, daß Swallow noch logisch argumentiert und sich etwa erklären lassen möchte, wieso eine Position extremer Sprachskepsis und radikaler Abkehr vom Logozentrismus ganz selbstverständlich davon ausgeht, sprachlich vermittelbar und allgemein verständlich zu sein. Zapp ist über solche Inkonsistenzen so erhaben wie über das Selbstbestimmungsrecht der Literatur. Aber seine Erwiderung auf Swallows gereiztes „Then what in God's name *is* the point of it all?" (ebd.: 28) offenbart zugleich eine Qualität akademischer Professionalität, von der in den Theoriebeiträgen Lodges nie die Rede ist – ihren Zynismus:

> „The point, of course, is to uphold the institution of academic literary studies. We maintain our position in society by publicly performing a certain ritual, just like any other group of workers in the realm of discourse – lawyers, politicians, journalists. And as it looks as if we have done our duty for today, shall we adjourn for a drink?" (Ebd.)

Derartige Strategien intellektuellen Machterhalts und Machtgewinns, die Sinnentleerung, Ritualisierung und Rhetorisierung, ohne mit der Wimper zu zucken, in Kauf zu nehmen, hat David Lodge in seinen Universitätsromanen wieder und wieder vorgeführt, ohne allerdings mit der Unredlichkeit des Willens zum Erfolg auch theoretisch zu hadern. Das Unterbleiben des Transfers wird erneut mit der menschlichen Natur gerechtfertigt, nur diesmal nicht der allgemeinen, sondern seiner eigenen. Lodge sieht sich als geborenen Vermittler und Moderator, nicht als Zurechtweiser und Polarisierer:

> I am by nature a kind of compromiser, I suppose, looking to reconcile apparently opposed positions. As a critic I am a domesticator of more extreme types of continental criticism, and as a novelist I use certain experimental devices but in a way that is slightly tamed as compared to the kinds of books from which they are borrowed. (Zit. nach Pfandl-Buchegger 1993: 497)

So sehr diese Auskunft für Lodge einnehmen soll und einnimmt, sein Harmoniebedürfnis und sein ausgleichendes Naturell haben ihm im Endeffekt mehr geschadet als genutzt. Literarisch hat seine Aversion gegen Unbedingtheiten – „I am not like Joyce or Beckett, who would follow their own sense of artistic logic – indifferent to or defying the literary institutions or the public" (ebd.) – Lodges (Selbst-)Kommerzialisierung sicher nicht gebremst und die Hinwendung zu zunehmend vorhersehbaren ‚Strickmustern' und zur gehobenen Unterhaltungsschriftstellerei begünstigt. Der Wagemut, den er sich in „Why do I write" im Rückblick dennoch attestiert:

> But undoubtedly writing fiction has given me more satisfaction, and more anxiety, than writing literary criticism. Creative or imaginary writing is usually valued above critical writing and rightly so. It is more difficult to excel in it, it is riskier, it is more unpredictable (Lodge 1988a: 77),

dieser Wagemut ist nie aufs Ganze gegangen und schließlich einer der neuen Variation, der ausgeklügelten Nuance geworden. Mehr noch, in Selbstinterpretationen wie „Oedipus" (1981) und „Choice and Chance in Literary Composition" (1971) oder der Bestandsaufnahme „The Novelist Today" (1997) zeigen sich immer deutlicher die Züge eines Erfolgsautors, dessen Rollenflexibilität und breitgefächerte ‚Vertextungskompetenz' ihn vor Anwandlungen von Selbstkritik und Unzulänglichkeitserlebnissen verläßlich in Schutz nehmen:

> I take professional pride in being able to write, say, a paper for a scholarly journal, an introduction to a popular edition of a classical text, and a comic novel, all of which are equally effective in their own ways. (Lodge 1988a: 76)

In der Theorie war Lodge das Eingeständnis: „A lot of academic literary criticism [...] frankly no longer seems worth the considerable effort of keeping up with it" (Lodge 1990: 8) erst nach dem Ausscheiden aus der Universität zu entlocken. Vorher hatte er sich, so Ingrid Pfandl-Buchegger in ihrer detaillierten Untersuchung *David Lodge als Literaturkritiker, Theoretiker und Romanautor*, als *fellow traveller* und „uneasy convert" (1993: 78) betätigt. Von den Trends, deren Zugkraft er richtig einschätzte und deren Vokabular er sich frühzeitig aneignete, hat er profitiert und „es sich gelegentlich sehr einfach [ge]macht, Bücher zusammenzustellen" (ebd.: 132). Die Reserve der Traditionalisten versuchte er gleichzeitig für seine Zwecke einzuspannen, indem er unter neuen Etikettierungen an vertrauten Inhalten festhielt und die geläufigen Interpretationsstrategien mit taktischen Konzessionen fortschrieb. Die von Pfandl-Buchegger gesichteten Rezensionen der literaturtheoretischen Publikationen Lodges zeigen, daß diese Doppelstrategie des Es-beiden-Seiten-Rechtmachens selten aufging (vgl. ebd.: 130ff.) und der Autor sich statt dessen zwischen den Stühlen wiederfand. Die Weigerung, den Konflikt anders als literaturimplizit, nämlich offen und offensiv im theoretischen Diskurs selbst auszutragen, führte so in die Sackgasse eines von immer größeren Glaubwürdigkeitsverlusten begleiteten Konzessionismus. Und daraus gab es am Ende nur noch den existentiellen Ausweg der Selbstentpflichtung von einer „schizophrenic existence" (Lodge 1997: 37), der Kündigung *honoris causa* und mit allen akademischen Ehren.

4.2 Fallstudie Eagleton

Theoretische Unentschiedenheit und ein Schlingerkurs zwischen den Lagern sind das letzte, was man Terry Eagleton vorhalten kann; gleichwohl steht auch über seinem kämpferischen Lebenswerk ein großes ‚Leider'. In den 70er Jahren betrat er die Arena als irischer Trotzkopf und Trotzkist, der keinem Duell, keiner Konfrontation aus dem Wege ging, der einstecken und austeilen konnte und seine Theorie mit den dabei gesammelten Erfahrungen anreicherte, bis sie sich zu jenem *Cultural Materialism* ausgewachsen und verfeinert hatte, als dessen führender Vertreter Eagleton heute gilt.

Dabei hat der „shamelessly unreconstructed Marxist" (Eagleton 1998: 145) seinen Grundüberzeugungen nie abgeschworen und noch 1996 zusammen mit Drew Milne den Reader *Marxist Literary Theory* auf den Markt gebracht, der übrigens im Erscheinungsjahr noch zweimal nachgedruckt werden mußte. Im Vorwort betont Eagleton das Unabgegoltene dieser Weltanschauung, die auf intellektuell unseriöse Weise verabschiedet worden sei:

> For it is not as though anyone actually *disproved* the doctrine. It is not as though they needed to. In the new ambience of political cynicism, cultural philistinism and economic self-interest, Marxism was less and less even *in question*, as quaintly antiquarian a pursuit for some as Ptolemaic cosmology or the scholasticism of Duns Scotus. (Eagleton/Milne 1996: 2)

Von Dogmatismus und der Sklerotisierung des historischen und dialektischen Materialismus, wie sie in der staatstragenden Philosophie des Ostblocks zu verzeichnen waren, findet sich bei dem unorthodoxen Parteigänger denn auch keine Spur. Sein Einfühlungsvermögen für andere Positionen ist vielmehr so ausgeprägt, daß man passagenweise glauben möchte, Eagleton hätte sich ihnen schon mit Haut und Haaren verschrieben, bevor er dann doch zur ideologiekritischen Analyse übergeht. Seine Würdigung des Poststrukturalismus in *The Ideology of the Aesthetic* liest sich zum Beispiel wie eine Mischung aus Laudatio, Lexikonartikel und Bekehrungsversuch:

> From Romanticism to modernism, art strives to turn to advantage the autonomy which its commodity status has forced upon it. [...] Aesthetic autonomy becomes a kind of negative politics. Art, like humanity, is utterly, gloriously useless, perhaps the one non-reified, non-instrumentalized form of activity left. In post-structuralist theory this will become the trace or aporia or ineffable flicker of difference which eludes all formalization, that giddy moment of failure, slippage or *jouissance* where one might just glimpse, in some necessarily empty, unspeak-

able way, something beyond the prison house of metaphysics. (Eagleton 1990b: 370)

Und der Leser staunt über die Leichtigkeit, mit der der Überredungskünstler aus derartigen Anverwandlungen zurückfindet zum eigenen Standort und dessen Distanzgebot. Mit *The Illusions of Postmodernism* hat er den Anspruch auf kritischen Durchblick sogar auf die Titelseite eines Buchs gesetzt und hier unter anderem über den Spielraum des Oppositionellen in spätkapitalistischen Gesellschaften nachgedacht: „One might venture, in a first crude approximation, that a lot of postmodernism is politically oppositional but economically complicit" (Eagleton 1996: 132).

Für Eagleton meint Theorie das Ergebnis eines ununterbrochenen Prüfungsverfahrens, bei dem immer auch der Theoretiker selbst auf den Prüfstand gerät. Und dort ist jene Ehrlichkeit gefragt, die nicht betriebsblind der Devise des *business as usual* folgt, sondern immer wieder aufschrecken und sich zum Beispiel über jene „tightlipped, joyless austerity" (Eagleton 1990a: 88) wundern kann, die in akademischen Debatten seit langem eingerissen ist. Auch versteht sich der intellektuell Redliche nicht dazu, mit Fragwürdigem und Selbstzweifeln nur im stillen Kämmerlein Umgang zu pflegen. Eagleton kann entsprechend zu Beginn eines Vortrags seinen Überdruß zu Wort kommen lassen und erklären: „I don't in fact intend to say much at all about critical theory [...] since I find myself increasingly restive with a discourse which obtrudes its ungainly bulk between reader and text" (Eagleton 1998: 144). Und er ist sogar in der Lage, sich selbstironisch zu den Produktionszwängen zu verhalten, denen er als Exponent einer Schule nun einmal ausgesetzt ist:

> Well, I've spent several years trying to stop writing books [about theory], but it seems to be unavailing. There's no reliable contraceptive on the market. [...] It might be an idea to do something less tedious. [...] It isn't any longer very clear to me which direction one should press things in, and therefore not writing theory

or criticism might be one way of coping with that problem. (Eagleton 1990a: 86f.)

Die Alternative, auf die Eagleton in seinem Interview mit Michael Payne hinauswill und die er in der Praxis durchgespielt hat, ist das literarische Schreiben: „[not writing] for any particular reason other than wanting to write" (ebd.: 87). Obwohl er sich in dem Gespräch bescheiden zurückhält – „like some other critics I'm a creative writer *manqué*" (ebd.: 88) – stellt sich doch bald heraus, daß Eagleton seine literarischen Talente vielleicht vernachlässigt hat, sie aber nie gänzlich verkümmern ließ. „I have for a long time written satirical and political ballads, and indeed, performed them" (ebd.: 89). Die Frucht seiner Absichtserklärung „to find ways of bringing creative and intellectual discourses together" (ebd.) sind zwei geistreiche und bemerkenswerte Theaterstücke: das schon 1989 uraufgeführte *Saint Oscar* und das 1997 im Salisbury Playhouse auf die Bühne gebrachte *Disappearances*.

Im ersten Fall geht es um ein Porträt von Eagletons Landsmann und offensichtlichem *soul brother* Oscar Wilde. Und wer dieses höchst amüsante und ganz nach dem Leben gezeichnete Bild mit dem – seinerseits vorzeigbaren – literaturwissenschaftlichen Annäherungsversuch vergleicht, den Eagleton in *Heathcliff and the Great Hunger. Studies in Irish Culture* (1995: 321ff.) unternommen hat, der wird den Quantensprung nicht leugnen. Das Stück ist ein kleines Meisterwerk, und die zutage tretende dramatische Begabung des Autors unübersehbar. Acht Jahre später muß sich *Disappearances*, eine wiederum ausgesprochen unterhaltsame zynische Bestandsaufnahme postkolonialer Autorschaft und ihrer akademischen Putzerfische, an *Saint Oscar* messen lassen.

Zuerst ergeben sich dabei wenig Probleme. Die entgleisende Dankesrede etwa, die die Hauptfigur Kaman, Lyriker und Vorzeigeexot, aus Anlaß des ihm von der Universität Cambridge verliehenen Ehrendoktors einstudiert, ist ein Parade-Monolog für jeden

Vollblutschauspieler. Und bei aller Situationskomik haben die Selbstauskünfte des hochgehandelten, die Marktmechanismen sehr wohl durchschauenden Dritte-Welt-Literaten nicht selten soviel Eigengewicht und Eigensinn wie seine Antwort auf die Frage: „Do you feel the West is your home now?":

> Oh, I can be homeless absolutely anywhere. You show me a nice comfy little niche and I'll be homeless in it right away. My home is in language, Mr Mann. The English language of course; you were good enough to rent it out to me. I don't live in my own tongue any more: it's too ramshackle. Art is the third world I inhabit. (Eagleton 1997: 129)

Im zweiten Akt allerdings übernimmt der politische Kopf und Lehrstückschreiber Eagleton, hantiert – reichlich ungeschickt – mit Befreiungsbewegungen, Putschthematik und der Erpreßbarkeit durch Vaterliebe und ruiniert das so vielversprechend Begonnene.

Auch eine Auftragsarbeit im Rahmen einer Fernsehserie über bedeutende Philosophen, das 1993 zu Papier gebrachte Filmskript *Wittgenstein*, konnte so wenig überzeugen, daß der Regisseur Derek Jarman sein eigenes Drehbuch verfaßte. So plötzlich wie die ‚dramatische Ader' Eagletons ins Pulsieren geraten war, so rapide ging der Blutdruck anschließend wieder zurück, und man darf gespannt sein, ob nach *The Gatekeeper. A Memoir* von 2001 überhaupt noch weitere literarische Arbeiten folgen. Der Eindruck, daß der Aufbruch ‚zu neuen Ufern' zu spät erfolgte, daß die Sparflammentechnik, die Eagleton als gelegentlicher Balladenschreiber praktizierte, sich genau zu dem Zeitpunkt rächte, als das Wilde-Feuerwerk bei anderen Anlässen von neuem abgebrannt werden sollte, drängt sich auf. Und die noch ein Stück weiter gehende These, der Literaturwissenschaftler Eagleton habe die Kräfte für sich in Anspruch genommen und aufgebraucht, die der 46jährige ‚Jungdramatiker' dann naiverweise noch einmal abrufen wollte, findet ihre Bestätigung genau in dem Augenblick, als dieses Theoretiker-Ego am Ziel seiner Wünsche ist und über die Widerstände, die das akademische Establishment dem marxistischen Kulturkritiker ein halbes Leben lang entgegengesetzt hatte, triumphiert. 1992 erreicht Eagleton der Ruf auf den Thomas-Wharton-Lehrstuhl in Oxford, einen der angesehensten im United Kingdom. In der Antrittsvorlesung „The Crisis of Contemporary Culture" darf sich auch das alte *enfant terrible* ab und an über die Stimmbänder der neuen Respektsperson verlautbaren, sein Oxforder Biotop als „congenitally suspicious of adventurous thought" (Eagleton 1998: 154) charakterisieren oder der geneigten Festversammlung die irreguläre Abstammung des Ernannten ins Gedächtnis rufen: „I speak, incidentally, as one who hails from a nation which was charitable enough to write most of your great literature for you" (ebd.: 146). Und auch eine Stichelei gegen den Fachbereichsrat gestattet sich die Siegerlaune: „the Faculty Board [...] a body to which I am delighted to say I have finally been appointed, after a mere twenty-three-year probationary period" (ebd.: 152). Keine Frage, das Auditorium hat pflichtschuldig gelacht; nur der ausgezehrte Literat in Eagleton krümmt sich, als werde das Strafmaß gerade eben verkündet.

4.3 Fallstudie Bradbury

Unter postmodernen Umständen ist die Doppelexistenz des Theoretiker-Literaten hochriskant, was bei Lodge und Eagleton zur Atrophie jeweils einer Persönlichkeitshälfte führt. Während Eagletons theoretische Produktivität vom Abdrosseln ihres literarischen Rivalen nicht negativ beeinflußt wird, hat die späte Priorisierung des Erzählens im Falle von David Lodge eher zu einer Verpuffung und Vergeudung der jetzt gebündelten Energien geführt. Das ist einer der gravierenden Unterschiede zwischen ihm und Malcolm Bradbury, der als der zweite bedeutende britische *campus novelist* und *campus humorist* von der Leserschaft oft so hartnäckig mit seinem Freund und Rivalen in einen Topf geworfen worden ist, daß er den Verschmelzungs-Klon im Scherz schon auf den Namen Bodge getauft und ihm die Bradbury Lodge als Wohnsitz zugewiesen hatte. Das folgende kleine Selbstporträt allerdings deutet bereits an, wie unaufhaltsam sich beide trotz ähnlicher Startbedingungen gerade in ihren literarischen Profilen auseinanderleben und voneinander entfernen mußten:

> In the course of a busy and generally well-spent lifetime devoted to reading and writing, editing and reviewing, teaching and examining, serving on committees and going to faculty parties, I have industriously produced ten or so works of literary criticism and a smaller number of novels. I have a meticulous nature in literary matters, and I revise every thing excessively, so each novel takes me about a decade to write, and for me is something like a reflection on the decade in which it is written. In my writing lifetime, I have published only four novels, one for each of my adult decades – a novel apiece for the Serious Fifties [*Eating People is Wrong* (1955)], the Swinging Sixties [*Stepping Westward* (1965)], the Sagging Seventies [*The History Man* (1975)] and the Economic Eighties [*Cuts* (1987)]. (Bradbury 1988a: 14f.)

Vor Bradburys Tod im November 2000 sind für das letzte Jahrzehnt noch *Dr Criminale* (1992) und *To the Hermitage* (2000) hinzugekommen, aber die Liste zeigt auch als Torso, daß die kommerzielle Entfesselung des Schreibens, wie sie ab Mitte der 80er Jahre in der Romanmanufaktur Lodges zu beobachten ist, für seinen Kollegen von der University of East Anglia so nicht in Frage kam. Bis zum Schluß fordert sich Bradbury Neues ab, hält oder steigert sein Niveau, und entsprechend bleibt der Eindruck des Seriellen und Vorgefertigten aus.

Ob seine *meticulousness* und Penibilität auch damit zu tun hatte, daß er sich theoretisch weniger exponierte und in Publikationen wie *The Modern American Novel* (1983), *Ten Great Writers* (1989) oder *Dangerous Pilgrimages* (1995) eher literaturkritisch und literaturhistorisch arbeitete, lassen wir dahingestellt. Vielleicht war das weite Gewissen, das sich Lodge als Vermittler und Advokat poststrukturalistischer Ideenimporte antrainierte, für den Romancier ja doch eine bedenkliche Mitgift gewesen. Gleichviel, Bradbury arbeitete spätestens seit *The History Man*, dieser auch beim Leser unter die Haut gehenden Vivisektion eines im Beton universitärer Neugründungen gedeihenden akademischen Typus, nicht nur gewissenhafter als sein Exkollege in Birmingham, sondern hat sich in der Essaysammlung *No, Not Bloomsbury* auch systematischer und genauer Rechenschaft abgelegt über sein Doppelleben als Schriftsteller und Philologe und die dabei auftretenden ‚Beziehungskrisen' der beiden Hirnhälften.

Bevor er in „Writer and Critic" diese Duplizität als Ehegeschichte mit ihren verschiedenen ‚Gezeiten' rekonstruiert, wirft er einen Blick auf das generelle Verhältnis der beiden Berufsgruppen und bestätigt die oben entwickelte Apartheidsthese: „In general most British academic critics do not enjoy mixing with writers, and certainly not reading their works. And the disregard, it seems, is mutual" (Bradbury 1988a: 9). Als „pragmatists of writing" favorisierten Schriftsteller in der Öffentlichkeit zunehmend eine „aesthetic of silence" (ebd.: 10) und überließen die Theorie den ‚Berufenen', die sie längst in eine gewichtigere und aufwendigere Veranstaltung verwandelt hätten als das Gedichtemachen oder Geschichtenerfinden. „Today writers seem to have little time for [theoretical] things", bemerkt Bradbury mit feiner Ironie, „but critics thrive on them, and many of the most profound difficulties of contemporary writing – the Plight, the Crisis of the Word, the Collapse of Signification – have been invented very largely by them" (ebd.: 11). In Übereinstimmung mit der Berufsauffassung Blooms, nach der der Literaturwissenschaftler die literarische Produktion nach Kräften zu erschweren habe, erlebt Bradbury Theorie in erster Linie als Problemerzeugungs- und Verkomplizierungsmedium. Die zum Fachsimpeln versammelten Literaten täten deshalb gut daran, einen weiten Bogen um die gerade aktuellen „key issues [of theory] like whether to live in an age of the *scriptible* or the *lisible*, or whether Propp's thirty-one plot functions are or are not reducible to seven" (ebd.: 10) zu machen und sich dafür den für das Metier wirklich drängenden Fragen zuzuwenden:

> Is it best to write lying down, or standing up, like Hemingway, or naked, like Victor Hugo, or late at night, or in a swimming pool, or under the influence of drugs or alcohol, or outside marriage, or in a hotel in New Orleans; and should one use a pen, or an IBM computer, or write in the dust with a stick. In the United States there are creative writing courses and literary summer schools entirely devoted to such questions. (Ebd.)

Man sieht, wenigstens Bradburys Humor ist überparteilich und von dem Fraktionszwang ausgenommen, der die Entfremdung zwischen den beiden Lagern – „not so much a literary community as a literary mesalliance" (ebd.) – immer weiter vertieft. Das Abstoßungsverhalten der Kollektive aber beobachtet der Doppelgänger Bradbury auch in und an sich selbst. Gab es den Honeymoon überhaupt? Gewiß:

> There was a time when the marriage of writer and critic was extremely close – or, as we say nowadays, symbiotic. It was often *so* symbiotic that the writer and critic were exactly the same person, one common and unified flesh. The great critics Sidney and Ben Jonson, Dryden and Samuel Johnson, Wordsworth and Coleridge and Hazlitt – were the great writers too. (Ebd.: 4)

Inzwischen sind diese so dauerhaften Flitterwochen Literaturgeschichte, und das „perfect equilibrium" (ebd.: 13) dürfte in zeitgenössischen Biographien kaum mehr ein- oder zurückzuholen sein. Deshalb tritt Bradbury auch von vornherein als postsymbiotischunglückliches Bewußtsein vor uns hin, das ‚Zweisamkeit' nicht auskostet, sondern über diverse Arrangements in der Erträglichkeitszone zu halten versucht:

> The technical term for my own state is probably schizophrenia, or certainly divided personality. That is to say, I have this critic, a rather powerful, troublesome superego; and this writer, a sweet passive and elusive id. My critic is a noisy fellow, obsessive with his theories of fictionality and his folklore of plot

and form and topoi. He bullies and cajoles: you can hear him at it all day and most of the night. [...] If I am to write fiction at all, which is what I wish most to do, then all I can do is to sneak away, in the small hours, when he is quiet. (Ebd.)

Die Flucht vor dieser strapaziösen ‚besseren Hälfte' wird manchmal über Stipendien bewerkstelligt und endet nach eigenen Aussagen häufig in den USA, dem gelobten Land der Theoriegrossisten und Paradigmenakkumulateure, das, fortschrittlich wie es ist, selbstverständlich auch über Schreiboasen für dezentrierte und dekonstruierte Literaten verfügt. Bradburys Lieblingsdomizil liegt unter Fichten im Norden des Bundesstaats New York und zeichnet sich durch Berühmtheiten wie Saul Bellow und Philip Roth, die hier berühmte Romane wie *Herzog* und *Portnoy's Complaint* zu Papier gebracht haben, ebenso aus wie durch die richtigen *no-shows*: „Roland Barthes does not come here. Jacques Derrida is absent. [...] No-one says *langue* or *parole* or *aporia*" (ebd.: 13f.).

Davor gab es in Bradburys Zweierbeziehung eine frühe, von kulturellem Pathos und moralischer Selbstverpflichtung geprägte F.R. Leavis/Lionel Trilling-Phase, die Ende der 60er in die permanente Krise und fortschreitende Zerrüttung mündete. Der Theoretiker und Kritiker in ihm ist es leid, den schönen Schein zu wahren, er geht eigene Wege und kehrt davon als penetranter Besserwisser zurück:

His habits grew secretive; he'd read all day, then go out at night; when I had him followed I discovered he was attending meetings of Absurdists Anonymous. When he came back, he'd pour himself a drink and say I didn't realise the world was constructed to an inhuman code; and writers who thought reality was just friendly old nice reality now bored him, he'd cry, looking hard at me. [...] Our signifiers were coming apart from our signifieds. (Ebd.: 17)

Als Ist-Stand, auf den Bradbury am Ende seines für ein so trauriges Thema erstaunlich munteren Essays zu sprechen kommt, ergibt sich der desolate Kreisverkehr so vieler langjähriger und eingefahrener Partnerschaften. Die Nerven liegen blank – „if he says Derrida again I think I shall scream" (ebd.: 18) –, die gegenseitigen Vorwürfe und Unterstellungen eskalieren, gute Vorsätze für einen ‚neuen Anfang' haben das Trümmerfeld bereichert, zu dessen Beseitigung sie gefaßt worden waren: „We've been having marriage therapy, but it doesn't do much good; when he comes into the house, I tend to go out of it" (ebd.).

Eagleton hielt seine schöne Seele solange in der Besenkammer versteckt, bis sie ein Fall fürs Pflegeheim geworden war; als Professor Lodge von der Feier seiner vorzeitigen Emeritierung zurückkam, hatte seine literarische Muse die Türschlösser austauschen lassen. Nur die Bradburys wohnten, wenn auch mit Ach und Krach, bis zum Schluß zusammen. Das hat sicher auch damit zu tun, daß sich ihr Hauswirt nicht nur auf Philologentagungen umtat, sondern sich daneben intensiv für die Literaturförderung und den British Council engagierte. Dessen jährlich in Cambridge abgehaltenes *contemporary writing seminar* wurde unter seiner Ägide legendär, und das *creative writing programme* an seiner Heimatuniversität in Norwich, für das er zusammen mit Angus Wilson verantwortlich zeichnete, hat so hochkarätige Erzähler wie Ian McEwan hervorgebracht. Dem ständigen Umgang des Literaturwissenschaftlers mit Kollegen hielt also der des Schriftstellers mit seinesgleichen die Waage. Und vielleicht hat Bradbury deshalb die von den Polarisierungstendenzen der Postmoderne forcierte (Ent-)Scheidung so lange aufschieben, den Haussegen so lange schiefhängen lassen können, bis der ganz untheoretische Tod des Autors auch dieses Problem gegenstandslos werden ließ.

5. Epilog der VerSteinerten

Wer sich die Institutionalisierung, Professionalisierung und Proliferation der Theorie in der zweiten Hälfte des 20. Jahrhunderts vor Augen führt und nicht die rosarote Brille des Parteigängers trägt, wer die Deformationen wahrnimmt, die die Entwicklung in den beiden zunehmend aggressiv-solipsistischen Lagern der Autoren und Metatexter ausgelöst hat, wer schließlich das fast unausweichliche Scheitern des guten Willens bei individuellen Vermittlungsversuchen verfolgen konnte, dem mag nicht nur in schwachen Momenten angst und bange werden. So gebiert die Realität, an sich schon schlimm genug, neue Schreckensbilder. Ein rhizomatisches Wuchern zeichnet sich auf dem einen ab, ein pausenloses frenetisches Ausdenken und Aushecken, bis die Literatur zum hingestreckten, sagenhaften, ganz im Dorngestrüpp der Theorien verkapselten Dornröschen geworden ist, das – nach Abschaffung der *grands récits* und anderer Märchen – vergeblich auf den es wachküssenden Prinzen wartet. Der zweite Alptraum beginnt mit der Verkehrung der *poetic* zur *poetological licence*, der Verwandlung dichterischer Freiheit in die Willkür der Kommentatoren; und wie von selbst wächst er sich zu einer grotesken Fastnacht aus. Ihr Schutzpatron heißt Michail Michailovič Bachtin, dessen Interpretationsmuster der Karnevalisierung von Welt jetzt auf die eigene Disziplin überspringt. Denn haben wir in den vergangenen Jahrzehnten etwa nicht die tollen Tage der Theorie erlebt? War nicht die große Verkehrung von oben und unten, heilig und profan, lachhaft und unantastbar ausgerufen? Führte nicht eine höhere Narretei das Regiment, die sich in immer grelleren Kostümierungen und konzeptuellem Mummenschanz gefiel? Jedenfalls sind wir inmitten der

Veitstänzer der Dekonstruktion, der Lesben- und Schwulenkorsos, der rollenden *theme parks* der *New Historicists* unweigerlich auch auf die Einpeitschertrupps der *mysomousoi* gestoßen, deren besserwisserisch überschminkte Physiognomie noch maskenhaft starrer erscheint als die Larven ringsumher, so daß nur noch ein Inspirationsquell übrig bleibt: das seelenleere Antlitz der Medusa.

Tun wir nicht gut daran, ihr imperatives ‚Freeze!' endlich zu beherzigen und die Gegenwehr einzustellen? Die Niederlage ist da; jedenfalls sind etliche Kapitulationsurkunden im Umlauf. „The atmosphere of the campus is less and less distinguishable from that of the supermarket, the shopping center, and the ‚funky' boutique", beginnt eine von ihnen und setzt die demoralisierende Bestandsaufnahme mit der Festellung fort:

> Students are trained to shop for humanities courses and to evaluate them by consumer criteria. In this atmosphere, the vanguard professor-intellectual [...] hands on the ‚alternative' ideas and ‚life-styles' [exercising his] power to shape the styles of powerlessness. (Graff 1979: 116)

Nach Christian Schärf hat man „die Literatur [...] voll anästhesiert" (Schärf 2001: 16), um sie „in den Entzauberungsmaschinen der Humanwissenschaft [...] dem langsamen Sterben zuzuführen" (ebd.: 18/20). Roger Willemsen definiert die zeitgenössische akademische Praxis als eine Veranstaltung, die den Zweck verfolgt, „Literatur zum Verschwinden zu bringen" (Willemsen 1992: 53) und dazu die Autoren „bloß noch als Geiseln" (ebd.: 59) mitführt. Und Heinz Schlaffer endlich hat sich in *Poesie und Wissen* um den noch ungleich bittereren Nachweis bemüht, daß es bei der philosophisch-philologischen Ansprache von Kunst eigentlich nie anders zugegangen ist. Von vornherein zielten die Wissenschaftsgläubigen ab auf „Entmächtigung" ihrer Gegenspielerin und die Verkleinerung der Werke zu „Objekten des außerpoetischen Wissens über Poesie" (Schlaffer 1990: 24): „Poetik, die doch logisch und zeitlich *nach* der Poesie zu stehen hätte, wirft sich so [schon bei Aristoteles] zur Wissenschaft *vor* und *über* aller Poesie auf" (ebd.: 78). Dieses Untergraben des Selbstbestimmungsrechts, das Arthur Danto als „disenfranchisement of art" (vgl. Edmundson 1995: 7) angeprangert hat, ging immer mit einem Toleranzüberschuß gegenüber den eigenen Fehlern und dem Kult geschäftsmäßiger Kälte und Unempfänglichkeit einher. Auch die Hybris der Postmoderne ist deshalb nichts Neues. Im Kapitel „Philologie als Lebensform" verfolgt sie Schlaffer mühelos bis zur Renaissance zurück und resümiert:

> In Festreden beschwören die Philologen unablässig den bildenden Sinn ihres Studiums. Bei ihrer wirklichen Tätigkeit ist davon nicht viel zu bemerken. Vielmehr setzen sie Normen, die den schlichten Liebhaber der Literatur ausschließen. Ihre Arbeit geschieht zwar für die Poesie, aber ohne Poesie. (Ebd.: 223)

Es gibt, wie es an anderer Stelle heißt, in der Zunft eben keine „Gelehrtenbohème" (ebd.: 221), die von Kunst durchsäuert wäre, auf die Kunst existentiell abgefärbt hätte. Statt der großen Augen des Bücherwurms, statt des die Lektüreerlebnisse spiegelnden Mienenspiels des Literaturabhängigen, zeigt der Experte, der sich in seiner ‚Materie' auskennt, lieber ein Pokerface, nein, das hippokratische Gesicht. Unter dessen kaltem und unverwandtem Blick, unter dem Objektivrevolver lupenreiner Forschungsvorhaben macht sich Leblosigkeit breit, und wenn noch etwas zappelt, dann die galvanisierten Froschschenkel der Theorie. Sehen wir den Tatsachen, sehen wir der Medusa ins Auge, lassen wir dem Starrsinn seinen Lauf, ziehen wir die Konsequenzen aus einer Postmoderne, die ihrerseits die Konsequenzen aus der Unermüdlichkeit der Ausforscher, Ausspäher und Nachsteller, aus den Inquisitionen des Sachverstandes gezogen hat, und werden wir am Ende dieses bösen Traums zur Salzsäule, zum Denkmal, zu Stein.

Dabei müssen wir das Rechtschreibprogramm überlisten, denn wenn es uns gelingt zu verSteinern statt zu versteinern, kommen wir vielleicht doch noch mit halbwegs heiler Haut davon. George Steiner hat bei seiner Ein-Mann-Kampagne wider den theoretischen Absolutismus, in den Ausfällen gegen „broken contracts" (Steiner 1989: 51ff.), „satyr-plays" (ebd.: 115) und das Verweigern des „initial act of trust" (ebd.: 89) jedenfalls reihenweise Bekanntschaft mit Fehdehandschuhen oft unritterlichen Zuschnitts gemacht, aber sonst keine ernsthaften Blessuren davongetragen. Schon als Jugendlicher durch die rechtzeitige Übersiedlung seiner jüdischen Eltern von Wien nach Paris und von Paris nach New York in die Gruppe der Verschonten geraten, bleibt dem wortmächtigen Anwalt des Urvertrauens in die Poesie sein guter Stern treu, und er nutzt seine großbürgerliche Sozialisation und die akademische Ausbildung an der Sorbonne, in Harvard und Oxford für eine dreifache Karriere als auch geographisch umtriebiger Hochschullehrer, einflußreicher Kritiker, der unter anderem fast drei Jahrzehnte lang für den *New Yorker* schreibt, und umstrittener Literat. Alle diese Tätigkeitsbereiche tragen zur Entwicklung seiner Ästhetik bei, die eine der wenigen konsequenten Gegenentwürfe zu den theoretischen Demontagen der Postmoderne darstellt und ihre definitive Ausformulierung wohl in dem auch in der deutschen Übersetzung vieldiskutierten Band *Real Presences* (1989) gefunden hat. In seinen drei Abteilungen bietet das Buch eine Führung durch „a secondary city", d.h. unsere byzantinisierte, im Sekundären und Tertiären erstickende Kultur, setzt sich mit dem Autoritätsschwund des literarischen Wortes und unserer Begegnungsscheu auseinander, die in eine Epoche des „after-Word" und Epilogs (Steiner 1989: 94) münde, und drängt seine Leser im Schlußkapitel, Kunst als Manifestation von *Otherness*, als reale Gegenwart einer wie auch immer gearteten Jenseitigkeit, als „Heterophanie" (Botho Strauß) wieder ernstzunehmen.

Ob diese Ersetzung der ewigen Sinnvertröstung, wie sie Derrida der Kunst nachsagt, durch das vorgängige Konzept überbordender Sinnfülle notwendig eine Retheologisierung des Schöpferischen und damit Steiners „wager on transcendence" (ebd.: 4) impliziert, kann an dieser Stelle noch unentschieden bleiben. Festzuhalten aber ist, daß Autonomie zurückerstattet wird und Theorie auf alle Vormundschaft Verzicht zu leisten hat. Die erste Übung, die Steiner ihr zumutet, ist entsprechend das Absteigen vom hohen Roß. Auf offene Ohren darf er so schnell nicht rechnen, steht mit diesem Ansinnen aber trotzdem nicht allein. Schon Murray Krieger eröffnete seine *Theory of Criticism* mit dem doppelzüngigen Satz: „Literary theory is a vain discipline" und erläuterte: „I mean ‚vain' in both senses: it is prideful, even preening, in its glittering systematic displays, and it is – ultimatively – fruitless" (Krieger 1976: 3). Aus dieser Charakterisierung folgt, daß Theorie – Hume läßt grüßen – beständig gegen ihre Verführbarkeit zum Größenwahn anzukämpfen hat und daß ihr das am besten gelingt, wenn sie sich ihre ultimativen Erfolgsaussichten bei der Durchtheoretisierung des Ästhetischen vor Augen hält. Sie sind gleich null, denn die Wissenschaft, hat ein kluger Kopf gesagt, ist immer unterwegs, die Kunst immer am Ziel, oder noch drastischer, Kreativität ist nie rückstandsfrei auf den abstrakten Begriff zu bringen, gehören Renitenz, Eigensinn, Unberechenbarkeit und Originalität doch zu ihren zentralen Merkmalen. Sollte das Forschungsprogramm trotzdem eines Tages ans Ziel gelangen, fungierte die allumfassende Kunstformel zugleich als Epitaph und stände über dem Mausoleum des Schönen.

Das aber kann der Metadiskurs nicht wollen, weil mit dem definitorischen Einsargen des vormals Nicht-Einzuholenden auch seine eigene Lebensspanne sich dem Ende zuneigen müßte. Nur Marginales bliebe noch zu erledigen, wäre das letzte Geheimnis entschlüsselt, das Menschheitsrätsel des Schöpferischen gelöst. Nein, wenn Steiners gar nicht so ehrenrührige Anspruche des Sekundärliteraten und Kommentators als „a loving, clairvoyant parasite feeding on the life of art" (Steiner 1996a: 292) zutrifft, dann wird dieses immer schon auf Symbiose angewiesene Wesen, möchte man meinen, doch wohl soviel Vernunft aufbringen, seinen Wirt nicht auf Dauer und nicht so weitreichend zu schädigen, daß damit die eigene Existenzgrundlage entfiele. Ein unzweideutiges Indiz für die Rückkehr des Wirklichkeitssinns in die theoretische Beletage und das Grandhotel CRINC – Bradburys Akronym für „Criticism Incorporated" (vgl. Bradbury 1988: 7f.) – wäre demnach Bescheidenheit.

„A plain view of the dependent, secondary nature of literary and historical comment", ergänzt Steiner, „is more than a necessary honesty. It may, in fact, open the way to a legitimate future for criticism and rescue it from some of its current triviality and megalomania" (Steiner 1971: 89). Gedämpft zuversichtlich stimmen folglich Absichtserklärungen jüngeren Datums, so Thomas Dochertys Avis aus seinem 1996 vorgelegten Band *Alterities*: „I hope to restore and rehabilitate an attitude of a specific *humility*" (Docherty 1996: viii). Auch hier wird hinter die Postmoderne zurückgegriffen und an ein präexistentes, erstaunlich nüchternes Selbstbild der Zunft angeknüpft, das sich in den ad acta gelegten Selbstverständigungsversuchen des *New Criticism* ebenso mühelos wiederentdecken läßt wie etwa in der frühen Rezeptionsästhetik. „Die Literatur könnte auch ohne die Literaturwissenschaft existieren" (Weinrich 1971: 7), konstatierte z.B. Harald Weinrich in der ersten seiner zwanzig Thesen zur „Kommunikativen Literaturwissenschaft" und schloß mit den heute wieder als Gegen-Utopie lesbaren Sätzen:

> Der Literatur muß nicht unbedingt zum Schaden gereichen, wenn sich die Literaturwissenschaft in Zukunft gesundschrumpfen sollte. Ein gesundes Maß ist dann erreicht, wenn etwa so viele Literaturwissenschaftler da sind, wie es Kenner (und Liebhaber) der Literatur gibt. (Ebd.: 11)

Und auf der anderen Seite des Atlantik gab es ganz ähnliche Zögerlichkeiten, bevor die Wachstumskurve nur noch Maximalisten mitreden ließ. Cleanth Brooks jedenfalls war von allen Überlegenheitsgesten und Usurpationsappellen weit entfernt, als er 1951 in seinem Aufsatz „The Formalistic Critic" resümierte:

> I have assigned the critic a modest, though I think an important, role. With reference to the help which the critic can give to the practising artist, the role is even more modest. [...] Literature is not written by formula: he can have no formula to offer. (Brooks 1997: 29)

‚Keine neuen Patentrezepte!' wäre demnach die einzig brauchbare wegweisende Formel. Und wenn die Theorie entsprechend abgesattelt hat und auf den Boden der Tatsachen, d.h. ihrer eigenen Fehlbarkeit, zurückgekehrt ist, wird sie dort vielleicht auch bald von ihrem Nabel aufschauen lernen und eine ebenso schlichte wie grandiose Entdeckung machen: „Literature as a whole has not gone away" (Widdowson 1999: 91) oder mit der gehörigen Emphase: „The great texts of our literature are intact. They are totally unaffected by what has happened during the last fifty years" (Girard 1989: 247).

Und nicht nur die Schatzkammern der Literaturgeschichte sind unangetastet, auch der weitere Anreicherungsprozeß durch zeitgenössische Autoren ist nie unterbrochen worden, weil sie ihre theoretische Abschaffung vor lauter Konzentration gar nicht mitbekommen haben. Gemäß der Eliotschen Vermutung: „The critical mind operating *in* poetry [...] may always be in advance of the critical mind operating *upon* poetry" (Eliot 1970: 30) kann damit das alte Hase-und-Igel-Spiel zwischen der schöpferischen Intelligenz und ihrem auf Erklärungen versessenen Zwilling getrost wieder aufgenommen werden, nun aber mit verSteinertem Hasenherzen, in das die Hochachtung und Bewunderung für längst kanonisierte oder noch heftig umstrittene Meisterwerke zurückgekehrt sind:

> When he looks back, the critic sees a eunuch's shadow. Who would be a critic if he could be a writer? [...] The critic lives at second hand. He writes *about*. The poem, the novel, or the play must be given to him; criticism exists by the grace of other men's genius. (Steiner 1977: 3)

Nicht Arroganz und imperialistische Attitüde sind somit Einstiegsvoraussetzungen für das Metier, sondern das Eingeständnis, in der zweiten Klasse zu spielen und dabei auf den Autor und jene noch rarere Spezies, den Autor-Theoretiker, angewiesen zu sein. Und weil das so ist, konnte Steiner seine warnende Stimme erheben, noch bevor die postmoderne Theorie-Hausse in den USA ihren Zenit überschritten hatte:

> In America [...] the critic exists as a person in his own right; his persuasions and quarrels have a public role. Critics write about critics, and the bright young man, instead of regarding criticism as a defeat, as a gradual, bleak coming to terms with the ash and grit of one's limited talent, thinks of it as a career of high note. [...] The true critic is servant to the poet; today he is acting as master, or being taken as such. (Ebd.: 4)

In der hier *ex negativo* beschriebenen rauschhaften Selbstverkennung, die in der Einsetzung des Theoretikers an Dichters Statt gipfelte, liegt der eigentliche Grund für den rasenden Stillstand, das atemlose, frenetische, scheininnovative, sich selbst überholende, aber um nichts in der Welt zur Besinnung kommende Irrläufertum der Metadiskurse, und hier ist auch die Ursache für die schweren Entzugssymptome zu suchen, die jenen schmerzhaften Ausnüchterungsprozeß begleiten werden, der noch gar nicht richtig begonnen hat.

Weil die Disziplin sich zunehmend außerstande sah, die erste Lesart ihrer ‚Eitelkeiten' mit der zweiten in Schach zu halten, positionierte sie sich gegenüber der Literatur in einer Weise, die man aus der Rückschau nur als *self-defeating* bezeichnen kann. Sie tribunalisierte den Dialog da, wo sie ihn überhaupt noch führte, sah sich in der Rolle des Vorsitzenden, der zur Vernehmung schreitet,

Aussagen bewertet, Gesetze anwendet und schließlich ein Urteil fällt, bei dem Berufung nicht zulässig ist. In Wahrheit aber hat sich die Kunst nicht gegenüber ihren Kommentatoren zu rechtfertigen, sondern wer interpretiert, kritisiert, theoretisiert, steht vor ihrem Richterstuhl. Dort ging es allerdings nach Steiner bislang so milde zu, daß Kurzsichtigkeiten, Fehlleistungen und Unterlassungssünden der rezeptionsgeschichtlichen ‚Heilung' und Absolution sicher sein konnten:

> I define the classic as that around which this space [of inviolate autonomy] is perennially fruitful. It questions us. It demands that we try again. It makes of our misprisions, of our partialities and disagreements not a relativistic chaos, an ‚anything goes', but a deepening. (Steiner 1997: 22)

Mit dem Austausch forensischer Rollen und der Umkehrung der Beweislast hat die zunehmend theorielastige Disziplin nicht nur diese ‚Hilfestellung' der Klassiker ausgeschlagen, derer sie sich übrigens seit neuestem über „mini-canons" (vgl. Steele 1997: 1) wieder zu versichern sucht, sondern auch den eigenen Affekthaushalt, der schon lange auf wissenschaftliche Objektivität, Neutralität und Indifferenz heruntergefahren war, vollends in die Unlustzone abkippen lassen. Wo Urteilsvermögen synonym zu werden beginnt mit Vorurteil und Vorverurteilung, muß bald auch Achtung verächtlich erscheinen. Wer monologisiert und seinem potentiellen Gesprächspartner das Wort abschneidet, der wird mit dessen literarischen Ehrenrechten mittelfristig nicht anders verfahren, das verordnete Schweigen in Renitenz umdeuten und die verlorengegangene intensive emotionale Beziehung mit umgekehrtem Vorzeichen wieder herstellen. Daß dieser Haß sich auf den ‚tumben' Text und den – ihm hartnäckig anhaftenden – enteigneten Autor begrenzen ließe, erweist sich allerdings als Wunschvorstellung. Denn wer etwas, das es nicht verdient, ohne Unterlaß weiter be(für)wortet, d.h.

Literaturwissenschaft gleich welcher Couleur betreibt, muß sich am Ende selbst dafür anwidern und verachten.

Auch dieser Gemütszustand ist für Steiner die äußerste Perversion eines positiven Sollwerts, jener Liebe zur Literatur, mit der, wie schon die Etymologie bezeugt, jede Form von Philologie zu beginnen hätte. Sie ist es, die die Vermittlertätigkeit des Kommentators grundiert; und die zugemutete Einsicht in die eigene Zweitrangigkeit schwächt diese Liebe nicht, sondern klärt und sublimiert sie:

> Not to judge or to anatomize, but to mediate. Only through love of the work of art, only through the critic's constant and anguished recognition of the distance which separates his craft from that of the poet, can such mediation be accomplished. It is a love made lucid through bitterness: it looks on miracles of creative genius, discerns their principles of being, exhibits these to the public, yet knows it has no part, or merely the slightest, in their actual creation. (Steiner 1980: 6)

Gleichzeitig löst die sinnlich-tastende, erotisch-feinfühlige Hingabe des Literaturliebhabers, den die professionellen Fachvertreter nicht von ungefähr als unreifen Proto-Experten wegbeißen wollen, im Zusammenspiel mit dem Kunstfertigen aber auch Hierarchisierungen auf. Das Nachgängige aller Kommentare wird irrelevant und dem schwächeren Partner das Sinnerlebnis richtigen Lebens und eine Letztbegründung zuteil, an der nicht mehr zu rütteln ist:

> I am convinced that one is infinitely privileged to be even a secondary attendant, commentator, instructor or custodian in some reach of these high places. I cannot, I must not negotiate this passion. Such negotiation, of which ‚political correctness' is an infantile, deeply mendacious tactic, is the treason of the cleric. (Steiner 1997: 119)

Was auf den ersten Blick als fast masochistische Erniedrigung des Exegeten gegenüber den heiligen Texten der Literatur und damit als radikale Rücknahme der Nivellierungstendenzen der Postmoderne erscheint, bringt in Wirklichkeit für den Sekundärliteraten einen Prestigegewinn sondergleichen. Seine Bedeutung, das ist wahr, basiert auf Selbstbescheidung, bleibt sie doch jederzeit Abglanz eines weitaus Bedeutenderen; immerhin aber feit ihn diese Reflexion gegen das Blendnerische und die Straß-Rhetorik der Theorie-Autokraten.

Man muß Steiners Argumentation mit ihm vervollständigen, um die paradoxe und quasi-religiöse Denkfigur des Sich-Erhöhenden, der erniedrigt, und des Sich-Demütigenden, der erhöht werden soll, ganz zu verstehen. Woher also, ist weiterzufragen, soll denn eine solche unerhörte Aura kommen, die noch das Leben der dienstbaren Geister vergoldet? Nach Auskunft der Gegenpartei strömt die *écriture* doch bleifarben und grau in grau vor sich hin, Bedeutung, Sinn und andere Behaustheiten mit sich reißend wie eine Flutwelle. Auch Steiner ist diese Wasserwüste, das schlammig aufkochende Gebrodel mit seinen Gischtkronen, Trögen, Strudeln und Mahlströmen nicht fremd, und er nennt die Sintflut Weltgeschichte. Darüberhin aber jagen bei ihm nicht die Nebelschwaden bodenloser Signifikate, dort oben baut keine windige *différance* ihre Wolkenkuckucksheime um und um; über den schmutzigen Wassern unserer Kreatürlichkeit spannt sich vielmehr hoch und tröstlich der Regenbogen der Schöpferkraft.

Wir haben die Kunst, damit wir nicht an der Wahrheit zugrunde gehen, schreibt Friedrich Nietzsche. Wir haben die Kunst, korrigiert George Steiner, damit wir uns nicht länger um die Wahrheit herumspielen und herumlügen müssen, sondern sie auszuhalten lernen. Daß sie schrecklich ist, wissen beide. Aber vielleicht brauchte es den kollektiven Leidensdruck des 20. Jahrhunderts, um auf das letzte und einzige zu stoßen, was Arthur Koestlers „Irrläufer der Evolution" entschuldigt oder erträglich macht:

> The evolution of the species has given little ground for comfort. We are, on the whole, a cowardly, homicidal bundle of appetites endowed with seemingly limitless instincts of destruction and self-destruction. We are the wasters of the planet and the builders of the death-camps. Ninety-nine percent of humanity con-

duct lives either of severe deprivation – physical, emotional, cerebral – or contribute nothing to the sum of insight, of beauty, of moral trial in our civil condition. It is a Socrates, a Mozart, a Gauss or a Galileo who, in some degree, compensate for man. It is they who, on fragile occasion, redeem the cruel, imbecile mess which we dignify with the name of history. (Steiner 1996a: 274f.)

Philosophie, Kunst, die (mathematische) Abstraktion der Grundlagenforschung oder, noch einmal anders, Gedankenmusik, der inspirierte und zweckfreie Gebrauch des *organ as organ*, eines mörderischen Primatenhirns als tausendstimmiges Instrument – diese wunderbare Umwidmung und Umnutzung erstattet uns unsere Aufenthaltserlaubnis zurück. Adorno hat das Verstummen der Dichtung als Sühne für den Holocaust gefordert, für den Mit-Juden Steiner, der seinen „Versuch über die ‚Shoa'" (Steiner 1987: 194ff.) mit einer alle Register ziehenden Celan-Interpretation beendet, hieße das aber gerade die Entmenschlichung noch potenzieren und die Nachgeborenen womöglich eines anderen Hölderlin, eines nie dagewesenen Rilke oder Trakl berauben:

We may be guilty of romanticising our images of a Spinoza, a Schubert or a Van Gogh – but the evidence of their suffering and solitude remains overwhelming. In the midst of the inhumanity and indifference of history, a handful of men and women have been creatively possessed by the compelling splendour of the useless (the Socratic *daimonion*). This constitutes the eminent dignity, the ‚princeliness' of our brutal kind. It may just be that together with the saints, religious or secular, this ‚pride' of mathematicians, composers, poets, painters, logicians or epistemologists (the inquirers into inquiry) in some manner ransom mankind. I am haunted by the possibility that the generation out of our mammalian midst of a Plato, a Gauss, or a Mozart justifies, redeems the species which devised and carried out Auschwitz. (Steiner 1997: 113)

Das Poetische und Zerebral-Kunstvolle als einzige noch in Erwägung zu ziehende Anthropodizee und Apologie einer auch in anderer Hinsicht zum Äußersten fähigen Gattung, das ist die Intuition, die Steiner dem eigenen Bekunden nach umtreibt und die selbstredend auch die Interpreten menschlicher Ausnahmeerscheinungen, die Dolmetscher des Genialen nobilitiert: „To grasp, to be able to transmit to others some modest paraphrase [of beauty] is to give life some excuse" (Steiner 1996: 275). Man bedanke sich für einen solchen Dispens, läßt die Interessenvertretung der Professionalisierten mitteilen, und der Aufstieg in die nächste Besoldungsgruppe oder eine Aufstockung des Forschungsetats sei ihren Mitgliedern allemal lieber als der Steinersche (Sklaven-)Seelenadel. Außerdem habe seine Argumentation keinerlei empirische Basis, wohl aber weitreichende empirische Konsequenzen, weil der Wissenschaftsbetrieb mit ‚einer Handvoll von Besessenen', dem ‚Glanz des Nutzlosen' und luxurierenden Schuldkomplexen wohl kaum aufrechtzuerhalten und auszubauen sei.

Auf diese Replik ist eine Replik fällig. Die Ansicht, daß der Sinn einer Organisation im Selbsterhalt und der Maximierung ihrer Trägheitskräfte liege, haben wir bereits von Professor Zapp zu hören bekommen. Bei dem verehrten Kollegen handelt es sich aber um eine fiktive Größe, die sich zwischen den Auftritten einmal Rechenschaft darüber ablegen sollte, was dieser ontologische Status für ihre Wahrheitsfähigkeit bedeutet. Und auch der Metaphysikvorwurf an die Adresse Steiners, der da einen richtenden Gott bemühe, wo die *écriture* ausreichen müsse, stammt aus berufenem Munde, von gestandenen Metaphysikern nämlich. Die überall zirkulierende ‚soziale Energie' der *New Historicists* hat schließlich noch keine Menschenseele zu Gesicht bekommen; die Sühne-Rituale des *Postcolonial Criticism* tragen symbolisch Schuld ab, während der verlotternde afrikanische Kontinent sich selbst überlassen bleibt; das Biologie-indifferente soziale Geschlecht der *Gender Studies* stellt ein meta-physisches Konstrukt par excellence dar; und vom Traditionsbruch und der radikalen Skepsis der *Dekonstruktion* bleibt für Kritiker wie Gerald Graff nichts als ein neuer und nicht sonderlich gut aufgelegter Aristotelismus:

In a world in which nobody can look outside the walls of the prison house of language, literature, with its built-in confession of its self-imprisonment, becomes once again the great oracle of truth, but now the truth is that there is no truth. In a curiously inverted restatement of the religion of literature, the literary work is made the sole source of truth only in the sense that it alone refuses to succumb to the delusion that truth can be spoken. [...] In a paradoxical and fugitive way, mimetic theory remains alive. Literature holds the mirror up to unreality. (Graff 1979: 179)

Man sieht, echte Alterität ist in der Tat ein Privileg der Literatur, während die Theorie mit den immergleichen Bauklötzen hantiert, sie umräumt, auf den Kopf stellt oder neu lackiert. Trotzdem kommen wir ohne die vierkantigen Modelle, die kruden Abbilder, die so auch in der wissenschaftlichen Spielecke entstehen und manchmal polternd umgestoßen werden oder durch eigene Instabilität und den übermäßigen Ehrgeiz ihrer Konstrukteure zusammenstürzen, nicht zu Rande. Steiner hat recht, wenn er vor babylonischen Turmbauten warnt, die zudem noch Saussures Ungrund der Sprache als argumentatives Fundament nutzen möchten. Theorie sollte bescheidener werden und absatteln. Aber er schießt in seinem Aufbegehren gegen Dünkel und Abstumpfung über das Ziel hinaus, wenn er sie auch noch abzuhalftern versucht.

In *Errata*, seinen Lebenserinnerungen, gibt es solche berserkerhaften Momente des Wütens gegen ein Erklärungsbedürfnis, das nicht weniger anthropologisch verankert ist als das Streben nach Selbsttranszendierung in der Produktion oder Rezeption von Kunst. „‚Theory' is nothing but intuition grown impatient" (Steiner 1997: 5), ist dort zu lesen, und noch die aphoristische Form versteht sich als Affront gegen ein diskursives ‚Auseinandersetzen'. Steiner, der bedingungslose Alliierte und Verteidiger alles Kreativen, der seine Sturmläufe und Ausfälle gegen die Poetiken der Schwindsucht und des Anschwärzens literarischer Präsenz seit *Tolstoy or Dostojevsky: An Essay in the Old Criticism* (1959) nie ohne elaborierte theoretische Rückendeckung unternommen hat, tritt im Rückblick auf einmal mit bloßen Händen vor seine Gegner hin:

> I have conducted my emotional, intellectual and professional affairs in distrust of theory. [...] The invocation of ‚theory' in the humanities, in historical and social studies, in the evaluation of literature and the arts, seems to me mendacious. The humanities are susceptible neither to crucial experiments nor to verification (except on a material, documentary level). Our responses to them are narratives of intuition. (Ebd.)

Halten wir Steiner zugute, daß diese kategorische Absage im Affekt formuliert wurde und von der Empörung über einen Akt der Insubordination getragen ist, den er an anderer Stelle als „mutiny of theory [...] against the authority of the poetic" (Steiner 1989: 116) angeprangert hat. Trotzdem kann es mit der antitheoretischen Reliterarisierung unserer Verarbeitungsversuche nicht seine Richtigkeit haben. Wenn wir nämlich an „narratives of intuition" Genüge fänden, hätte es die Schlüsselgruppe von Autoren nie geben können, die sich doch gerade deshalb literaturtheoretisch artikulierte, weil sie das intramediale (Selbst-)Erklärungspotential von Epik, Dramatik und Lyrik für ergänzungsbedürftig hielt.

Außerdem liefert Steiners schmales, aber keineswegs schmalbrüstiges literarisches Oeuvre, das er – bis auf die juvenilen *Poems* – in *The Deeps of the Sea* (1996) noch einmal gesammelt vorgelegt hat, selbst einen schlagenden Gegenbeweis. Gerade die besten Arbeiten, wie der Roman *The Portage to San Cristobal of A. H.* oder das Kürzestgeschichtenkaleidoskop „Desert Island Discs", verlangen nämlich nachdrücklich nach theoretischer Kontextuierung. *The Portage* schließt mit einer rhetorisch brillanten Verteidigungsrede des von israelischen Nazi-Jägern in Südamerika aufgespürten greisen Adolf Hitler, dem Steiner auch eigene Argumente etwa aus *In Bluebeard's Castle* (1971: 34ff.) in den Mund legt und jeden Widerspruch erspart. Dieses ungeheuerliche letzte Wort, das nur *in aestheticis* möglich ist und nur von einem Autor mit Steiners

Biographie und seinen *credentials* zu Papier zu bringen war, zeigt die anhaltende Verletzbarkeit unserer Weltbilder durch literarische ‚Versuchsanordnungen' sowie die Kontinuität von Reaktionsmustern, die mit Gossons *Schoole of Abuse* (1579) oder Jeremy Colliers *A Short View of the Immorality and Profaneness of the English Stage* (1698) keineswegs ihren letzten Auftritt hatten. Die *political correctness* unserer Tage steht in einer langen Tradition, und immer noch hat die Theorie da in die Bresche zu springen, wo Denk- oder Leseverbote verhindern sollen, daß uns die Kunst mit unserer eigenen Verführbarkeit und dem durchaus labilen Unterbau heiligster Überzeugungen bekannt macht.

Wenn Steiners Romanende gleichsam im Lektüreexperiment vorführt, daß die Gnade der späten Geburt keine Floskel, sondern ein höchst reales und unverdientes Geschenk ist, und wenn diese Erfahrung ohne theoretische Aufarbeitung ihrerseits verschenkt wäre, so liest auch in den „Desert Island Discs" immer schon der Theoretiker mit, weil es sich bei den Mikro-Erzählungen, aus denen sich das reflektierende Ganze zusammensetzt wie aus Spiegelscherben, jederzeit auch um poetologische Texte handelt. Wieder geht es um einen Selbstversuch, um die Exploration des Schreibens beim Schreiben, die Herausforderung eines Könnens, das seine Handicaps vergrößert und sich immer mehr Steine in den Weg legt. Wie erzählt man da weiter, ist etwa das Thema der ersten Miniatur, wo sich schon ein anderer literarisch versucht hat, und zwar mit so überwältigendem Erfolg, daß dieses Erzeugnis ein Klassiker geworden ist. Steiner lädt uns zur Besichtigung dieses Kunststücks ins Schloß von Helsingør. Andere Aufgaben sind z.B. die Verlebendigung einer doppelt sperrigen mathematischen Formel (Clausius' Entropiegesetz) oder die Umkehrung von Verfilmungsroutinen durch Rückverwandlung eines Soundtrack zum narrativen Impulsgeber. So von hinten aufgezäumt mögen die Geschichten unlesbar klingen. Sie sind das Gegenteil. Aber der Genuß, den sie bereiten, die Virtuosität, die aus ihnen spricht, die Suche nach dem gemeinsamen Nenner, zu der sie auffordern, treiben sie über sich hinaus in Kommentar und Metakommentar hinein. Dieses theoretische Surplus auszuschlagen hieße, jenem regenerativen Bedeutungsreichtum, den Steiner gegen die postmodernen Erschöpfungsszenarien ins Feld führt, die Münze vorschreiben, in der er sich auszahlt.

In welch ungutem Ausmaß die Favoriten des aktuellen Theoriedesigns der Wiedergeburt der *mysomousoi*, ihrer Kunstfeindschaft und ihrem Literaturhaß Vorschub geleistet haben, ist oben an exemplarischen Beispielen gezeigt worden. Was Susan Sontag in den 60ern über den Effekt akademischer Automatisierung und interpretatorischer Massenproduktion zu sagen wußte, gilt deshalb ohne Abstriche auch von den diskursiven Niederschlägen aus größerer Höhe.

Like the fumes of the automobile and of heavy industry which befoul the urban atmosphere, the effusion of interpretations of art today poisons our sensibilities. [...] Proust, Joyce, Faulkner, Rilke, Lawrence, Gide ... one could go on citing author after author; the list is endless of those around whom thick encrustations of interpretation have taken hold. (Sontag 1987: 98f.)

Nur ist es falsch, auf das Überpanzern und Begraben mit Produktionsstopp und Theorieverbot zu reagieren und die zumindest mißverständliche Parole auszugeben: „In place of a hermeneutics we need an erotics of art" (ebd.: 104) – ein Slogan, der zum einen so tut, als könnten wir das Rad der Geschichte in gute alte vormoderne Zeiten zurückdrehen und Steiners „city of the secondary" durch kollektive Stadtflucht vom Erdboden verschwinden lassen, und zum anderen den hermeneutischen Eros und die Erotik einer anderen besseren Deutungskunst in Abrede stellt.

Bei der Gebrauchsgüterherstellung hat man gelernt, der Umweltverschmutzung durch immer effizientere Filteranlagen zu begegnen. Seit David Humes Aufforderung, alles Reden über Literatur mit Selbstkritik anfangen zu lassen und diesen Prozeß der Klärung und Selbstreinigung kontinuierlich fortzusetzen, muß das auch bei der Behandlung des Über-Lebensmittels Kunst als gangbarer Weg erscheinen. Beschritten wurde er zugestandenermaßen im 20. Jahrhundert immer weniger gern, und entsprechend exponentiell ist insbesondere der theoretische Schadstoffausstoß gewachsen. Trotzdem sind die intellektuellen Produktivkräfte jenseits ihrer *smoke screens*, die Kapazitäten hinter der Dampfwalze auf Dauer unverzichtbar. Denn falls es jemals eine idyllische Umwelt für die Literatur gegeben haben sollte, die mehr war als ihr eigenes Gegenbild, ist sie längst schon dahin. Seither pflegt Kunstfertigkeit Umgang mit Unglücksraben und Heillosen und hat sich mit dem Schlimmsten vertraut gemacht. In dieser Lage kann sie jeden Anwalt und Fürsprecher gebrauchen. Und das weiß Susan Sontag zu Anfang ihres furiosen Essays „Against Interpretation" auch ganz genau:

> None of us can ever retrieve that innocence before all theory when art knew no need to justify itself, when one did not ask of a work of art what it said because one knew (or thought one knew) what it did. From now to the end of consciousness, we are stuck with the task of defending art. (Ebd.: 96)

Mit einer ähnlichen Erinnerung an die eigene unausweichliche Aufgabe wird auch der kaum weniger impulsive *Errata*-Verfasser sich und seinen aufflammenden Theoriehaß wieder unter Kontrolle gebracht haben. Er ist ein denkbar ungeeignetes Mittel zur Bewältigung der Krisensituation, weil der Groll mit seinen aufeinandergepreßten Zähnen den argumentativen Biß verloren hat und so auch in den Reihen der *philomousoi* orthographisch korrekte Versteinerungen nach sich zöge. Literatur aber nennt die Dinge beim Namen, spricht sich, sie und uns ungeschminkt aus. Und ganz so haben auch der Interpret und der Theoretiker (als Kommentator der Kommentatoren) kein Zeugnisverweigerungsrecht:

> To try and tell of what happens inside oneself as one affords vital welcome and habitation to the presences in art, music and literature is to risk the whole gamut of muddle and embarrassment. It is [...] to lay oneself open to (often

deserved) ridicule and rebuke where these hurt most. [...] Yet the attempt at testimony must be made and the ridicule incurred. For what else are we talking about? (Steiner 1989: 178)

Steiner selbst hat seine Empfehlung nicht nur beherzigt, er hat sie gelebt. Und die in diesem Kapitel nochmals bemühte *poetic justice* war so fair, das gleich doppelt zu honorieren – mit der Festschrift *Reading Steiner* zum fünfundsechzigsten Geburtstag des Unverbogenen und der Laudatio des Herausgebers Nathan A. Scott, der in einem Satz verdeutlicht, wie weit Steiners Botschaft ausgestrahlt hat und wie präzise sie verstanden wurde: „An enormous amount of ill will toward him is harbored within the Anglo-American university community" (Scott/Sharp 1994: 1).

6. Platon um Punkt zehn. Eine Wiederaufnahme

Es ist ein gern zitierter Topos, daß große Literatur sich an den Grenzen des Sagbaren bewege. Aber wer ihn in einem Roman so einlöst wie Steiner im Schlußkapitel von *The Portage*, dem flattern gleich reihenweise Anklageschriften ins Haus, und er darf sich, statt ungestört weiterzuarbeiten, als sein eigener Pflichtverteidiger profilieren:

> We have the obligation of pressing the unpleasant questions, the questions which are in bad taste, the embarrassing questions, the taboo questions. Being so privileged as we are it is almost our imperative job not to ask the nice questions, not to ask the comfortable questions. At the moment of course, looking about us even in the most liberal of societies, there is an astonishing list of taboo questions, the raising of which ruins one's professional hopes, or one's friendships, or whatever. Well, if that is what matters most then the intellectual is in the wrong business. (Zit. nach Sharp 1994: 224)

Auch das Vernetzen wird als unverzichtbare Schlüsselkompetenz gehandelt, und wie alle Anhänger der Intertextualität oder der Einbettung in noch weiterreichende ‚Texturen' halten sich die *New Historicists* viel darauf zugute, „einzelne Diskursfäden aus dem Text hinaus und in andere kulturelle Zonen, in andere Medien hinein" (Baßler 2001: 16) verfolgen zu können. Wehe aber einem Verknüpfungstalent, wehe dem Faible fürs Universalistische, das die *splendid isolation* des Spezialisten durchbricht und, statt immer nur brav das kulturelle Kapital einer Epoche zirkulieren zu lassen, im Kopf des Vernetzers, d.h. zwischen seinen ganz unterschiedlichen Aufmerksamkeitsarealen und Erkenntnisinteressen, Verbindungen herstellt. Auch von den durch solche Vielseitigkeit ausgelösten Irritationen weiß Steiner ein Liedchen zu singen:

> Today, the ‚polymath' – the English use of the term conveys a particular sneer – is distrusted. He has few colleagues. [...] My belief that cows have fields but that passions in motion are the privilege of the human mind has long been held against me. Conceivably, it is no longer legitimate for any one individual to publish on ancient Greek literature and on chess, on philosophy and the Russian novel, on linguistics and aesthetics; perhaps it is no longer advisable to hold university chairs while writing fiction. (Steiner 1997: 154f.)

Trotz des *linguistic* und *semiotic turn*, trotz der Verwandlung der Wirklichkeit in ein Zeichensystem, gibt es sie eben immer noch, die Rhetorik und die Realität, die Welt der Absichtserklärungen und die der Tat-Sachen, an denen man die Menschen nach biblischem Rat erkennen soll. Wer diesen Maßstab anlegt, muß sich eingestehen, daß die hurtigsten Beziehungsstifter de facto dem Schubladendenken nie entwachsen sind und über den Tellerrand ihres Paradigmas nicht hinausblicken wollen und daß die Theoretiker und Archivare experimentellen Erzählens, selbstbewußter *metafiction* oder interaktiver *hypertexts* es gar nicht vertragen, wenn ihnen eine Lektüre unter die Haut geht und die Nervenenden bloßliegen. Blicken wir in den Satzspiegel postmoderner Theorieentwürfe, schauen wir – an den Gesetzen der Optik ist nicht zu rütteln – nicht nach vorn in das gelobte Land diskursiven „Selbsterregertums" (Schärf 2001: 23) und orgiastischer Dissemination, sondern üben uns wohl oder übel in Nachsicht. Vor unseren Augen erscheint – mit immer neuem Vokabular und zwanghaft reproduzierter Handlungsfolge – die Urszene der Disziplin, für die Platon folgende Regieanweisung hinterlassen hat:

> Wir würden also, wie es scheint, einem Mann, der auf Grund seiner Weisheit es versteht, alle möglichen Gestalten anzunehmen und alle Dinge nachzuahmen, wenn er in unseren Staat kommt, um seine Gedichte uns vorzutragen, alle Ehre erweisen als einem heiligen und bewundernswerten und reizvollen Mann, ihm

aber sagen, daß es in unserem Staat einen solchen Mann nicht gebe und auch nicht geben dürfe. Wir würden ihm das Haupt salben und mit Wolle bekränzen und ihn dann in einen anderen Staat schicken. (Platon 1961: 104)

Mit dem Herauskomplimentieren eines philosophisch Nichtgeheuren, des unheimlichen Gastes, den man mit einem Lippenbekenntnis – „heilig", „bewundernswert", „reizvoll" – auf die Straße setzt, mit diesem lorbeerumrankten Abtritt fing alles an. „Literary criticism in the West", schreibt Mark Edmundson, „begins with the wish that literature disappear. Plato's chief objection to Homer is that he exists" (Edmundson 1996: 1). Und immer noch enerviert die postmodernen Saubermänner in den *secondary cities* das Einsickern einer nichtseßhaften Imagination und vagabundierenden Einbildungskraft, und erleichtert schalten sie auf grüne Welle, wenn ein Einsatzkommando die ärgsten Störenfriede irgendwo an die Peripherie und in die Vororte schafft. Alle Dezentrierung und Metaphysikkritik können an solcher Seelenverwandtschaft nichts ändern. Was sein Verhältnis zu den schönen Künsten und zur Literatur angeht, gilt für die zweite Hälfte des 20. Jahrhunderts: „Beneath the surfaces of academic Marxism, Feminism and New Historicism, the ancient polemic of Platonism [...] continue[s] to course on" (Bloom 1994: 18). Mehr noch, diese Epoche verhält sich platonischer als Platon selbst, weil sie ihn ent-*ion*isiert hat und sich seine Gespaltenheit als inkonsequent verbietet.

Die *mysomousoi* des Metakommentars haben keine bittersüßen Erinnerungen an ein Scheitern in und an der Kunst; die einzige Umbruchserfahrung, die ihnen zugänglich wurde, war der Wechsel vom rapide veraltenden Paradigma ihrer akademischen Lehrer zu einem neuen aufstrebenden Ismus, an den sie – zu Recht, wie sich herausstellt – all ihre Karrierehoffnungen geknüpft haben. Die Philologie ist seit der Umsetzung der Ransomschen Institutionalisierungs- und Professionalisierungsvision nicht, wie Adolf Muschg noch zu optimistisch formuliert, „immer wieder über die Nabelschnur gestolpert, mit der sie an die Literatur gebunden war" (Muschg 1992: 169), sie hat sie – zumindest in der Theorie – zerrissen und ist damit in jener Zone arider Selbstreferentialität und nährstoffarmer Scholastik angelangt, deren Topographie die vorgängigen Kapitel zu erkunden suchten.

Das Erkennungszeichen der einschlägigen Verlautbarungen ist eine aus Erlebnismangel und ästhetischer Deprivation resultierende Unduldsamkeit:

> This latter half of our century is an age of intolerance in the field of criticism. I take it to be an inaugural, founding intolerance. I *exist* insofar I can differentiate myself from the rest. I *exist* in the solitude of my method alone. (Simion 1996: 92)

Die Berührungsangst gegenüber dem unbekannten und deshalb angstbesetzten Anderen führt in eine theoretische Aufrüstungsspirale, die dem Literaturwissenschaftler einen ständigen Zuwachs an Verfügungsgewalt vorgaukelt und zugleich die Begegnungsfrequenz mit Literatur immer weiter herabsetzt:

> Literary science, in its manic generation of difficult terminology, its establishment of seminars and institutes of post-graduate study, creates an élite corps of specialists who spend more and more time mastering the theory, less and less time reading the books. (Showalter 1997: 218)

Parallel dazu wird das ‚Unberechenbare' und ‚Wilde' der schöpferischen Existenz durch ostentative Dressurakte ‚gebrochen', denn was sich durch theoretische Laufgitter zwängt und wie aufgezogen und auf Knopfdruck seine Tatzen hebt, das kann trotz des respekteinflößenden Äußeren im Endeffekt doch nur ein Papiertiger sein.

Diese ‚depotenzierende' Behauptung ist noch zutreffender, als sie selbst wahrhaben will. So wie es echtes Wild, seien es Raubkatzen, Gazellen oder Kolibris, nur in seinem natürlichen Habitat geben kann und es sich in Gefangenschaft in einen Schatten seiner selbst verwandelt, so ist auch die im Interpretationszoo durchgefütterte, im Theorie-Zirkus vorgeführte Literatur nicht mehr mit sich selbst identisch. Hier wie dort wird auf den Verlust der freien Wildbahn mit Aushöhlung, Hospitalismus und Bewegungsstereotypien reagiert. Die akademisch domestizierte Kunst hat ihr Fleisch und Blut opfern müssen, sie setzt keine Flöhe mehr ins Ohr wie Marvells zungenfertige Triebhaftigkeit, sie hinterläßt keine Duftmarken – „the sharp, hot stink of fox" – wie Ted Hughes' ‚Gedankenfuchs', mit Tennysons sterbendem Kraken zeugt sie nicht länger oberflächlich von tiefen Wassern und verschwindet nicht mit unseren Harpunen in einer kreatürlichen Unterwelt wie Melvilles weißer Wal. Nein, der Theorie sind nur aseptische Schemen geblieben, Texte, die aufs Wort parieren und blasser und blasser zu ihr zurückkehren, so daß sie sich dazu beglückwünschen kann, sie durchsichtig gemacht zu haben, während sie in Wirklichkeit – halb- und hyperplatonisch zugleich – mit Zerrbildern von Zerrbildern hantiert.

Übrigens hat die Lust am Vorführen der Virtuosen längst aufs Feuilleton abgefärbt, dessen langjähriger deutscher Zuchtmeister Marcel Reich-Ranicki in *Mein Leben* eine Begegnung mit Anna Seghers nacherzählt, weil diese schwatzhafte, aber zugleich „würdige und liebenswerte Frau" (Reich-Ranicki 1999: 342) – wieder blitzt die Ambivalenz der *Politeia*-Szene auf – ihren Roman *Das siebte Kreuz* „überhaupt nicht verstanden [und] keine Ahnung von der Raffinesse der hier angewandten künstlerischen Mittel, von der Virtuosität der Komposition [hatte]" (ebd.). Daraus wiederum zieht er den verallgemeinernden Schluß, „daß die meisten Schriftsteller von der Literatur nicht mehr verstehen als die Vögel von der Ornithologie [und] daß sie am wenigsten ihre eigenen Werke zu beurteilen imstande sind" (ebd. 342). Die Kleinigkeit, die bei dieser Mitleidsbekundung des federführenden Ornithologen unterschlagen wird: Vögel, sofern sie nicht ausgestopft eine wissenschaftliche Sammlung bereichern, können fliegen, der Experte, mag er sich dozierend auch noch so aufplustern und aufblasen, kommt nicht vom Boden weg. „Aesthetics", tönt es deshalb beschwingt aus dem Atelier des Malers Barnett Newman zurück, „is for me what the study of ornithology must be for the birds. I don't need it."

Unter dem Savannenhimmel sehnt sich kein Lebewesen nach der Zirkuskuppel, und alles, was da kreucht und fleugt, wehrt sich mit Zähnen und Klauen gegen den Umzug vom Tropenwald ins Tropenhaus. Der Literatur geht es nicht anders. Sie läßt Federn, wenn die Theorie der Unverwandten nach ihr langt, sie rollt sich ein, sie stellt sich tot und erstarrt, und im äußersten Fall gibt sie ihren Geist auf und stolpert entseelt, nur noch Haut, nur noch Pergament und Knochen zu den Anfeuerungsrufen ihres ‚Bändigers' in der Manege herum.

Der Theorie-Star liefert also ein Solo in des Wortes unattraktivster Bedeutung. Er agiert allein in der Arena und führt mit seinem Phantom nur sich selbst vor. Denn da ist der Flammenreif der Dekonstruktion, da ist die Peitsche, da das Piedestal, jetzt setzt auch die Kapelle aus – aber was pariert und den vorgeschriebenen Satz macht, hört nicht nur bei der Belohnung auf den Namen Absenz. „Die Selbstermächtigung der Kritik hat viele Kehrseiten", notiert Jürgen Schlaeger und fährt fort:

> Der Sieg über die Probleme der Vergangenheit trägt alle Zeichen eines Pyrrhus-Sieges. Zwar scheint sich die Kritik zum ersten Mal in ihrer Geschichte aus der parasitären Abhängigkeit von der Literatur befreit zu haben, aber diese Befreiung bringt eine neue Einsamkeit und neue Legitimationsprobleme mit sich. (Schlaeger 1986: 28)

Diese Probleme holen den autistischen ‚Alleinunterhalter' schneller ein, als ihm lieb sein kann, weil die Halbwertzeit der neuen Paradigmen fast so rapide sinkt wie die der neuen Medien und sich die Attraktivitätsspannen von Presse, Rundfunk und Fax ebenso signifikant unterscheiden wie die Dominanzphasen des *New Criticism* und der *Postcolonial Studies*. Auch „theory's epistemological hubris" (Edmundson 1996: 16) erweist sich als immer kraftlosere Verbündete, wenn es darum geht, den Augenblick der Wahrheit hinauszuschieben. Natürlich werden die gängigen Unterwerfungsstrategien der Verobjektivierung und des Auratransfers weiter mit Inbrunst praktiziert. Nach wie vor wird Literatur nur als Exerziergelände, als „neutralisierter Anwendungsbereich der Terminologien und Theorien" (Schlaffer 1998: 486) zugelassen; immer noch wirft sich „das Hilfsmittel [...] zum Endzweck auf"; geht „im triumphierenden Lärm der ‚Forschungsergebnisse' [...] das stillere Wort des Textes unter" (ebd.: 487). Aber die Kurzatmigkeit der auftretenden Akteure kann der Zirkusdirektion, wie schon ein flüchtiger Blick auf die Attraktionen des laufenden Tourneeprogramms zeigt, längst nicht mehr gleichgültig sein.

Der *New Historicism*, resümiert Ulrich Hebel, hat sich in den USA seit dem Ende der 80er Jahre zum „dominanten Theorieparadigma einer sich zunehmend kulturwissenschaftlich begründenden Literaturwissenschaft" (Hebel 1992: 325) entwickelt. Dieser neue Hoffnungsträger und vielversprechende Aufsteiger besitzt zwar wie seine überholten Vorläufer keinen durchaxiomatisierten Kern und zeigt sich nach Auskunft seines Parteigängers Louis A. Montrose auch desinteressiert an einer „Vereinigung der verschiedenen als New Historicism bezeichenbaren Ansätze" (Montrose 2001: 65), aber er verfügt über etwas auf dem zeitgenössischen Theoriemarkt ungleich Wichtigeres: eine charismatische Stifter- und Identifikationsfigur. Vier von den neun Textbeiträgen zu einem deutschen *New Historicism*-Reader stammen entsprechend von Stephen Greenblatt, der unbestrittenen Autorität antiautoritärer Neuhistoriker. Zwanzig Seiten Reader-Lektüre und man hat die Schlüsselvokabeln „thick description", „slime of history", „messy vitality", „historicity of texts and textuality of history", „poetics of culture" im Repertoire, weiß den Meister mit einem *ipse dixit* wie „There is no escape from contingency" vor den eigenen Karren zu spannen. So problemlos gestaltet sich für den Kurzentschlossenen der Eintritt in die „neueste akademische Orthodoxie" (ebd.: 65).

Angenehm des weiteren, daß einem keine grundsätzliche Einstellungsänderung gegenüber einer weiterhin ‚kurzgehaltenen' Literatur zugemutet wird. Greenblatt verwendet auf an sich mäßig aufregende Archivfunde, juristische Dokumente und Anekdoten dieselbe Zeit und Mühe wie auf ein Shakespearestück, das uns durch dieses Strandgut der Geschichte in einem ganz anderen Licht und gleichsam lebensweltlicher Rundumbeleuchtung erscheinen soll. Wie schnell diese Vernetzungsmethode in assoziativen ‚Freilauf', in akademisches Surfen und Zappen, umkippen kann und die literarische Vorlage durch Verwandlung in eine Art Adventskalender völlig aus dem Blick gerät, läßt sich bei einem deutschen Greenblatt-Adepten verfolgen, von dem der Herausgeber der besagten Einführung zu berichten weiß:

Anton Kaes hat mit seinen Studenten in einem Thomas-Mann-Seminar in einem Semester einmal nur eine einzige Seite gelesen. Reizwörter oder -themen auf dieser Seite werden dabei gleichsam zu Fenstern, die sich aufklappen lassen, um den Blick auf zeitgenössische Diskurse freizugeben. Man kann sich denken, daß ein so verfahrendes Seminar ein beträchtliches Stück ‚texte général' öffnen kann, wofür jedoch das Ziel einer traditionellen Interpretation ganz geopfert wird. Unentbehrliches Hilfsmittel zur Rekonstruktion der einzelnen Diskurse sind für solche Projekte natürlich Computernetze wie das kalifornische [...] MELVYL. (Baßler 2001: 21)

Hier ist die von Steiner beklagte „remission from direct encounter" (Steiner 1989: 3), das Zurückschrecken vor jeder unmittelbaren Begegnung mit Kunst, der übermächtige Fluchtimpuls ganz unverbrämt zu studieren. Aber auch jenseits solcher ostentativen Absetzbewegungen in beliebige Kontexte sorgt der *New Historicism* für die problemlose methodische Handhabbarkeit des Literarischen, indem er es nicht weniger nachdrücklich dienstverpflichtet als alle seine theoretischen Mitbewerber. Greenblatt kommt es darauf an, „frische Fragen zur möglichen gesellschaftlichen Funktion von Kunstwerken zu stellen" (Greenblatt 2001: 56), Literatur ist ihm ein „Vehikel der Übertragung von Kultur" (ebd.: 53), d.h. Mittel zum Zweck und als solches keineswegs einzigartig oder selbstbestimmt. Sie generiert keine Energie, sie fungiert, wie andere Posten und Abteilungen des „allgemeinen Symbolhaushaltes" (ebd.: 55) auch, als leitfähiges Medium und Transformator eines energetischen und – wie wir gesehen haben – durchaus metaphysischen Apriori. Selbst wo kritikfähige Sympathisanten der Schule wie Winfried Fluck ästhetische Autopoiesis und schöpferische Autonomie ins Spiel zu bringen versuchen, darf der Begriff nicht fallen und die nivellistische Fachterminologie windet sich unter Anrufung der „komplexen und oft paradoxen Interaktion literarischer Funktionspotentiale" (Fluck 2001: 238) um die Unaussprechlichkeit eines Inkommensurablen herum, das den Gesetzen der kulturellen Ökonomie wie den Fluktuationen von Macht nur partiell unterliegt und eben deshalb auch den Untergang sozialer Großformationen mühelos überlebt.

Für dieses Ausgezeichnete der Kunst aber sind gerade Zeichen- und Diskurstheorien unempfänglich. Die Neuhistoriker zählen mit ihrer Behauptung der ausschließlich textuellen Sedimentierung alles Vergangenen zu dieser Gruppe und teilen ihre Betriebsblindheit. Auch ihr Paradigma monologisiert über den so immer schon verwirkten Gegenstand hinweg statt sich kunstvoller Ansprache auszusetzen und im Wettbewerb der Modelle des einzig lohnenden Verbündeten zu versichern. Deshalb bleibt dem *New Historicism* – hier folgen wir der hellsichtigen Bestandsaufnahme Flucks – neben dem Rekurs auf seine ‚geistigen Väter' nur eine Möglichkeit, sich zu autorisieren, nämlich „interpretatorische Performanz" (ebd.: 240). Fluck bezeichnet mit diesem Begriff die „‚spontane' Evidenzerfahrung" (ebd.: 241) und einen „argumentativen Überraschungseffekt" (ebd.: 240) – Begleiterscheinungen, die die besten Greenblatt-Analysen ohne Zweifel für sich reklamieren können. Sie sind spannend zu lesen, weil sich vor unseren Augen Chaos in Ordnung, extreme Heterogenität in Analogie und Familienähnlichkeit verwandeln. Sie faszinieren, weil sie die Kunst – nicht anders als Parakritik und Dekonstruktion – degradieren, um selbst Kunststücke vorführen zu können. Das Paradigma verspricht mit anderen Worten Unterhaltung, Aha-Erlebnisse und Erlernbarkeit, und es glaubt, seine Vorgänger ablösen und seine Konkurrenten auf die Plätze verweisen zu können, weil es ihnen ‚performativ' überlegen, weil es einfach origineller ist als sie.

Originalität war eine schon von der Vorromantik nachdrücklich aufgewertete ästhetische Kategorie, die die postmoderne Theorie für herrenlos erklärte, weil sich in ihren Systemen Literatur immer unoriginell, nämlich wie so vieles oder alles andere – Sprache, Text, Kultur- und Ideologieträger – verhielt. Folglich löste man sie aus ihrem angestammten Anwendungsbereich und machte sie zum Maßstab der eigenen Produkte, die als Metadiskurse und „severe poems" ohnehin Über-Kunst darstellten und in der Rechtsnachfolge des Vorbesitzers standen. Wie sich seither – und einmal mehr bei den Neuhistorikern – herausgestellt hat, war dieser Schritt gleich doppelt unbedacht. Er brachte eine Rehierarchisierung, wo sie mitnichten erwünscht war, mußten die ephemeren Denkmoden mit ihren saisonalen Lebenszyklen doch eine nach der anderen vor der ästhetisch geeichten und nach Generationen skalierten Meßlatte des Originellen klein beigeben; und er untergrub und untergräbt die Kooptationsgarantie für Neuzugänge.

Es liegt in der Natur jeder Schule, möglichst viele Anhänger zu rekrutieren und dabei auch – und vielleicht sogar bevorzugt – durchschnittliche Köpfe willkommen zu heißen, die durch ihre berechenbar-routinierten Arbeitsweisen das Paradigma stabilisieren und die Forschungsanstrengungen verstetigen. Wenn sich nun aber im Wissenschaftsbetrieb der „Zwang verschärft, sich durch rhetorische und argumentative Überraschungseffekte von seinen Konkurrenten zu unterscheiden" (ebd.: 235), d.h. wenn immer emphatischer Originalität eingefordert wird, verwandeln sich die gewissenhaften Reproduzenten, die nach Vorbild und eben deshalb nicht vorbildlich schreiben, von einem Aktivposten in Ballast. Und folglich muß sich der *New Historicism* selbst in einem bis zur Parteinahme wohlmeinenden Lexikonartikel die Mitläuferschar vorhalten lassen, welche „Argumentations- und Kompositionsmuster der eindrucksvollen Greenblatt-Aufsätze epigonal nachahmt" (Nünning 2001: 477) und dabei über „dürftige" und „banale" Resultate nicht hinausgelangt. Die Originalitätselle, die bislang nur den Wettstreit der Theorien (mit)entscheiden sollte, wird damit in das konkurrierende Paradigma selbst hineingetragen und fängt an, es durch Entsolidarisierung der Anhängerschaft zu gefährden.

Wenn man die von Harold Bloom vorgeschlagene Faustregel akzeptiert, die Originalität und damit Kanonreife mit dem Leserwunsch nach vergewissernder Wiederholung – „unless it demands rereading, the work does not qualify" (Bloom 1994: 30) – verknüpft, fällt neben dem Mittelmaß, also der gängigen neuhistorischen Textproduktion, auch manche Arbeit von Greenblatt selbst durchs Raster. Und man muß kein großer Prophet sein, um bei diesem Anforderungsprofil die Lebenserwartung seiner Schule eher reserviert zu beurteilen. Nicht anders als beim *Archetypal Criticism*, der Literaturpsychologie, der marxistischen Überbautheorie und wie die schon ganz hinter unserem Erkenntnishorizont verschwundenen Ansätze sonst noch heißen mögen, ist auch bei den *New Historicists* die Niederlage durch Vorhersehbarkeit und Langeweile, durch akkumulierende Unoriginalität also, vorprogrammiert. Weil sich die Autoren wiederholen, ersparen sich die Leser recht bald sogar den ersten Lektüredurchgang. Das Publikum weiß, in dieser Manege wechseln die Dompteure, verlieren sich ganze Rudel von Phantomen, aber die vorgeführte Nummer ist immer dieselbe.

Muß man der Theorie wirklich in Erinnerung rufen, daß es nur einen Bereich gibt, in dem solche Selbstlähmungs- und Selbstvergiftungsprozesse auf ganz unerklärliche Weise ausbleiben und in dem keine Übersättigung stattfindet, auch wenn die Lektüren nicht mehr zu zählen sind? Muß man so elementar werden und ihr bedeuten, daß eben diese Differenzqualität große Literatur zu dem macht, was sie ist: unvergleichbar, im Kommentar nicht einzuholen, primär? Nicht wenige Fachvertreter halten diese Anamnesis für geboten. „No matter how interesting a critic's created text of Milton may be", begehrt M.H. Abrams gegen die postmodernen *levellers* auf, „it will be less interesting than the text that Milton himself wrote for his fit readers though few" (Abrams 1986: 444). Und auch Ian McGilchrist gibt eine Grundsatzerklärung ab, der es um die Wiederausstellung des Freibriefs für die Kunst und die Erinnerung der Kritik an die Grenzen ihrer Möglichkeiten geht:

> Art exists precisely to transcend those patterns of thought which criticism imposes on it. Art exists to repair the damage caused by [...] analytic thought. Analysis divides, art restores the whole. Analysis classifies: art upsets, and exists to upset, this system of categories. (McGilchrist 1982: 65f.)

Werden wir zwanzig Jahre später Zeugen einer solcher kategorialen Disruption, eines kategorischen (Wieder-)Zurechtrückens? Stellt die Konzession Jonathan Cullers: „Perhaps it is time to reground the literary in literature, to go back to actual literary works" (Culler 2000: 290) schon die Weichen für eine theoretische Rehabilitation der Kunst und die erneute post-postmoderne Ratifizierung des Sidneyschen „or rather it must lead"? Ist das Unproportional-Luxurierende, wie es sich nicht nur auf MLA-Konferenzen beobachten läßt, alles andere als besorgniserregend und als Dekadenzphänomen und Agoniesymptom im Gegenteil ein gutes und ermutigendes Zeichen?

> The fading away of [contemporary] theory is signaled not by silence but by more and more talk, more journals, more symposia, and more entries in the contest for the right to sum up theory's story. There will come a time [...] when the

calling of still another conference on the function of theory in our time will elicit only a groan. That time may have come: theory's day is dying; the hour is late. (Fish 1985: 128)

Fishs Naherwartung harrt noch der Bestätigung durch das definitive Vorüber. Das frisch Institutionalisierte stirbt wohl nicht von heute auf morgen, und darüber hinaus dürfte der ständige Umgang mit untoten Autoren und konzeptuellen Zombies wie *écriture* und *différance* auf die Disziplin abgefärbt haben. Das heißt aber nicht, daß Irrtümer und fehlgeleitete Forschungsprogramme durch den akademischen Willen zur Macht und zur Karriere beliebig lange am Leben zu erhalten wären. Schon ist der Zeitpunkt gekommen, wo wie am Ende der Scholastik *Dunkelmänner-Briefe* geschrieben werden und die Dompteure und Vorführer sich selbst vorgeführt sehen. In der skandalträchtigen Sokal-Affaire zum Beispiel bietet ein neuer Ulrich von Hutten der angesehenen amerikanischen Zeitschrift *Social Text* seinen Aufsatz „Transgressing the Boundaries: Toward a Transformative Hermeneutics of Quantum Gravity" an. Die Arbeit zitiert die richtigen postmodernen Autoritäten von Gödel bis Irigaray in schöner Vollständigkeit, wird problemlos angenommen und 1996 in einer Doppelnummer veröffentlicht. Ärgerlich nur, daß sie nach Auskunft des Verfassers, der nur drei Monate benötigte, um sich im Selbststudium vom Physiker zum jargonkundigen Mitglied der kulturwissenschaftlichen Avantgarde fortzubilden, eine von „Absurditäten und eklatanten Trugschlüssen" (Sokal/Bricmont 1999: 17f.) strotzende Persiflage und Parodie darstellt. Alan Sokal hat seine Kritik der „tiefen Gleichgültigkeit" zahlreicher postmoderner Meisterdenker gegenüber Fakten und Logik, ihrer „mangelnden intellektuellen Redlichkeit" (ebd. 23) und Tendenz zum Obskurantismus (ebd. 254ff.) wenig später in dem Band *Impostures intellectuelles* noch einmal ohne Camouflage vorgetragen und systematisch untermauert. Und zum zweiten Mal steht der Kaiser ohne Kleider und der Wortgewaltige als sein eigener Ghostwriter da.

Unter dem Regime des Stalinismus hatte der russische Sprach- und Literaturtheoretiker Michail Bachtin bis Anfang der 60er Jahre faktisch Publikationsverbot. Wenig später wurde er von der postmodernen westlichen Nomenklatura in eine Ikone verwandelt. Streichen wir, wie sich das in diesem Rahmen gehört, logozentrische Erklärungen wie die ‚Paßgenauigkeit' seiner Vielstimmigkeitspoetik und Karnevalisierungstheorie durch, so bleibt nur ein (Un-)Grund, der im übrigen J. Hillis Millers Unheimlichkeitsdesiderat – „uncanny criticism" – aufs erfreulichste mit der fast obligatorischen *vertigo*-Erfahrung kombiniert: Bachtin ist eine fastnächtlich larvierte Nemesis-Figur, ein Marginaler, der der ganzen Bewegung *mit einer einzigen Geste* die Wahrheit über sich selbst und ihre Zukunft gesagt hat, ein von ihr selbst vor sich selbst verdecktes Orakel:

> A still more extraordinary fate overtook the book on the novel of education. The only complete manuscript was destroyed by a German bomb on the publishing house where it was stored. Two of Bakhtin's own vices combined to destroy the partial manuscript that remained. Throughout his life he was cavalier with respect to his writing and his manuscripts: in addition he was a lifelong and incessant cigarette smoker. He solved the acute shortage of cigarette papers during the war by smoking the manuscript. Only a portion of it remains. (Dentith 1995: 6)

Hier sind schon die kulturellen ‚Kollateralschäden' im Bilde, die auch die Postmoderne als unvermeidlich in Kauf genommen hat; hier kringelt sich die heiße Luft, die viele ihrer eigenen ‚Jahrhundertwerke' hinterlassen werden. Nur die herrlich närrische Souveränität, mit der Bachtin die Verfügungsgewalt über sein geistiges Eigentum unter Beweis stellt, wird seinen Hagiographen auf immer abgehen.

Aber verkündet das Orakel nicht auch noch: „A portion remains?" Richtig. Bis zum Schluß sagt es wahr. Denn wo lernte man auf dem kürzesten Weg mehr über den Erkenntnisfortschritt als in theoretischen Sackgassen. Der Lernerfolg des 20. Jahrhunderts ist – weiß Gott nicht nur im Umgang mit der eigenen Literatur und Kultur – ein weitgehend negativer, aber eben deshalb absolut unverzichtbar. Wer mit dem Kopf durch die Wand wollte und ihn sich blutig gestoßen hat, denkt anschließend behutsamer; der Irrläufer tritt die Wegweiser der Geistes- und Theoriegeschichte nicht noch einmal mit Füßen. Es ist erlaubt, es ist geboten, aus den Monologen, Selbstgesprächen, Nachbetereien wie aus den weniger engstirnigen historischen Ansätzen Schlußfolgerungen zu ziehen. Zwei der wichtigsten lauten: „The best works that we teach will shrug off their finest theories" (Edmundson 1995: 228) und: „The best readings of art are art" (Steiner 1989: 17). Wer die Künstler und Literaten – „those who know best" (ebd.: 227) – nicht mehr zu Wort kommen läßt, wer sich als Theoretiker der Unterhalts- und Unterhaltungspflicht gegenüber dem Schöpferischen entzieht, wer sich gar anmaßt, vertreiben und ins Exil schicken zu müssen, der weist sich notwendig selbst aus der Kunst und ihren Erfahrungs- und Erlebnisräumen aus und schreibt irgendwann – selbstverdummt auf höchstem Niveau – nicht mehr als Fachmann, sondern als Flachkopf. Die wichtigsten Verbindungsleute zur Verhinderung dieses beduselten Expertentums waren und sind die auskunftswilligen Insider, die Doppelgänger und ,Bidiskursiven'. Ohne solche janusköpfigen *interfaces* von Sir Philip Sidney bis George Steiner, von Edgar Allan Poe bis Susan Sontag, von Dante bis Umberto Eco, von Nicolas Boileau bis Nathalie Sarraute bewegten wir uns theoriegeschichtlich wohl immer noch im Zustand der Ahnungslosigkeit und könnten jene alchimistische Ersatzpoesie, aus der die neuen Hermetiker der Postmoderne mit beängstigendem Erfolg Kapital geschlagen haben, gar nicht als das erkennen, was sie ist: ein Placebo für sinnlich und emotional Verarmte und ein Rückfall in Dogmatismus und Denkverbot.

„The situation is a disaster. The demands of an academic career are incompatible with the requirements of a meaningful intellectual life" (Girard 1989: 245). Paradoxerweise macht schon die Publikation eines derartigen Statements die Lage subkatastrophal, weil sie die Grenzen neuorthodoxer Diskurskontrolle vorführt. Unser Sinnhunger ist ein anthropologisches Radikal, das nichts und niemand stillen kann. Auch die Kunst ist mit der Verwandlung ihrer Ansprechpartner in Glückselige überfordert. Aber sie kann uns mit unserem metaphysischen Magenknurren aussöhnen, indem sie jeden ohne Ansehen der Person, also auch noch den Unscheinbarsten und den ‚Versager', in ihren Bedeutungen leben, ja sich überleben läßt:

> In that immensely significant sense, the arts are more indispensable to men and women than even the best of science and technology (innumerable societies have long endured without these). [...] We are an animal whose life-breath is that of spoken, painted, sculptured, sung dreams. (Steiner 2001: 215)

In dieser Traumzeit der Künste, die so alt ist wie unsere ‚mahrische Gattung' (A. Ziegler), verflüchtigt sich die Anomalie der letzten Jahrzehnte wie ein Spuk, versinkt sie wie eine graue Schliere über seinen kunterbunten Unterwasserwelten im Meer. Die Postmoderne verfügte nur über die lahme, die paralysierte Phantasie des Wahns, „[the] grotesque delusion of grandeur", so der deutsche Anglist und Romancier Andreas Höfele, „to think that our categories might actually determine the tides on which they are adrift" (Höfele 2002: 25). Der aber ist auch in seiner kollektiven Variante auf Dauer nicht lebbar. In der Einleitung zur dritten Auflage des *Reader's Guide to Contemporary Literary Theory* zieht Peter Widdowson daraus die Konsequenzen:

> ‚Theory', even ‚literary theory', can no longer be usefully regarded as a progressively emerging body of work. [...] To me, such a ‚moment of theory' seems no longer to obtain. (Selden/Widdowson 1993: 6f.)

Die Aufgabe der fixen Idee grenzenlosen Wachstums – „the presence in American universities of large and strong departments of literary history and literary criticism may be a relatively short-lived phenomenon, lasting less than a century" (Miller 1991: 171) – unterstreicht diese Diagnose ebenso wie die Rückkehr einer weniger monomanen Einbildungskraft, wenn die von ihr heraufbeschworenen Zukunftsbilder auch erst wieder beim Mittelalterkult eines William Morris angekommen sind: „The work of scholarship in the coming century may resemble nothing so much as the work of cloistered scribes during the Dark Ages" (Young 1999: 155).

Können wir uns also angesichts des transatlantischen und kontinentalen Abklingens der *mysomousoi*-Symptome am Ende dieser kleinen und cholerischen Studie ausgeschimpft und guten Muts zurücklehnen? Allerdings können wir das! Und warum eigentlich nicht bis 1885. Man hat im *Savoy* so angenehm diniert, daß die Weste ein wenig spannt und die Taschenuhr nur mit einem Ruck ans Gaslicht zu befördern ist. Dafür zeigt das Zifferblatt der Stonedale *Empire* aber auch nicht mehr fünf vor zwölf, sondern gleich zehn. Zeit für einen Schmetterlingseffekt *avant la lettre*, denn zu dieser späten Stunde hat der Maler-Dandy James McNeill Whistler, der jenes – mit einem Stachel versehene – Insekt als Logo und Markenzeichen verwendet, zum Vortrag geladen. Sein berühmter *Peacock Room* steht nicht zur Verfügung, denn der Auftraggeber soll sich, wie man hört, mit dem Künstler überworfen haben, der ihm in kühl kalkuliertem Schaffensrausch alte spanische Ledertapeten übermalt und kostbare orientalische Wandbehänge beschnitten hatte. Dafür hat sich der Künstler mit seinem notorischen „Nocturne in Black and Gold: The Falling Rocket" Rückendeckung verschafft, einem impressionistischen Nachtstück, welches hier noch niemanden an Jackson Pollocks *action painting* erinnern kann, von dem aber jeder weiß, daß es Prozeßgegenstand war, weil es der Kritikerpapst John Ruskin mit einem „pot of paint flung in the public's face" verglichen hatte. Vor diesem Feuerwerk aus

Farbpigmenten steht Whistler im Begriff, ein anderes aus reichlich unviktorianischen Ideen über die Kunst abzubrennen.

Aus dem Rauchsalon nebenan schlendern die letzten Zuhörer herein, die sich mit Oscar Wilde blendend unterhalten haben. „One should never listen", gibt er ihnen noch mit auf den Weg, „to listen is a sign of indifference to one's hearers", und schließt die Tür. Das Auditorium besteht – ganz im Gegenteil zu überbuchten MLA-Hotels – aus einer handverlesenen Schar von Könnern, Kennern und Gönnern. Der Amerikaner – Whistler wurde 1834 in Lowell, Massachusetts, geboren – verbeugt sich kaum merklich und beginnt zu sprechen. Und richtig, etwas Ausländisches klappt in seiner Intonation die Flügel auf und faltet sie wieder zusammen. Nur ist es kein fernes neuenglisches Echo, das da hörbar wird. Wegen seiner Jugend in den besseren Kreisen von St. Petersburg und den Studienjahren in Paris spricht Whistler, wie er malt: mit französischem Akzent.

Wir können seiner „Ten O'Clock Lecture" immer noch folgen, weil er sie 1890 in *The Gentle Art of Making Enemies* hat drucken lassen. Seither haben die ‚*gepflegten* Feindschaften' nicht eben zugenommen. Man wünschte sich deshalb, Whistlers Einsichten würden – wahlweise im Original oder in Mallarmés Übersetzung – wieder öffentlich vorgetragen, damit das 21. Jahrhundert früh genug mitbekommt, was ein kunstverlassenes postmodernes Theoretisieren so schadenfroh aus dem kulturellen Gedächtnis zu tilgen suchte:

> Alas! ladies and gentlemen, Art has been maligned. She has naught in common with such practices. She is a goddess of dainty thought – reticent in habit, abjuring all obtrusiveness, purposing in no way to better others. [...]
> Art happens – no hovel is safe from it, no Prince may depend upon it, the vastest intelligence cannot bring it about. [...] This is as it should be – and all attempts to make it otherwise are due to the eloquence of the ignorant, and zeal of the conceited. [...]

Peoples may be wiped from the face of the earth, but Art *is*. [...] Therefore have we cause to be merry! – and to cast away all care – resolved that all is well. [...] We have then but to wait – until, with the mark of the Gods upon him – there come among us again the chosen – who shall continue what has gone before. Satisfied that, even were he never to appear, the story of the beautiful is already complete. (Whistler 1983: 76ff.)

Zitierte Literatur

Abrams, M.H.: „How to Do Things with Texts". *Critical Theory Since 1965*, eds. Hazard Adams, Leroy Searle. Tallahassee: Florida State University Press 1986: 436-451.
---: „The Deconstructive Angel". *Modern Criticism and Theory. A Reader*, ed. David Lodge. London: Longman 1988b: 265-276.
Adair, Gilbert: *The Death of the Author*. London: Minerva 1993.
Adams, Hazard (ed.): *Critical Theory Since Plato*. Fort Worth [u.a.]: Harcourt Brace Jovanovich 1992.
---: *Many Pretty Toys*. Albany: State University of New York Press 1999.
---; Leroy Searle (eds.): *Critical Theory Since 1965*. Tallahassee: Florida State University Press 1986.
Allen, Gay Wilson; Harry Hayden Clark (eds.): *Literary Criticism: Pope to Croce*. Detroit: Wayne State University Press 1962.
Ashcroft, Bill; Gareth Griffiths, Helen Tiffin (eds.): *The Empire Writes Back. Theory and Practice in Post-Colonial Literatures*. London [u.a.]: Routledge 1989.
Atkins, G. Douglas; Laura Morrow (eds.): *Contemporary Literary Theory*. Amherst: University of Massachusetts Press 1989.
Barthes, Roland: *S/Z*. Frankfurt: Suhrkamp 1976.
---: „The Death of the Author". *Modern Criticism and Theory. A Reader*, ed. David Lodge. London: Longman 1988b: 167-172.
---: „Textual Analysis: Poe's ‚Valdemar'". *Modern Criticism and Theory. A Reader*, ed. David Lodge. London: Longman 1988b: 172-195.
Baßler, Moritz (Hrsg.): *New Historicism. Literaturgeschichte als Politik der Kultur*. Tübingen: Francke 2001.

Bennett, Tony: *Outside Literature*. London: Routledge 1990.
Bennington, Geoffrey: *Lyotard. Writing the Event*. Manchester: Manchester University Press 1988.
Biriotti, Maurice; Nicola Miller (eds.): *What is an Author?* Manchester: Manchester University Press 1993.
Blonsky, Marshall (ed.): *On Signs*. Oxford: Blackwell 1985.
Bloom, Harold: *A Map of Misreading*. Oxford: Oxford University Press 1975.
---: *The Flight to Lucifer: A Gnostic Fantasy*. New York: Farrar, Straus, Giroux 1979.
---: *The Western Canon. The Books and School of the Ages*. New York: Harcourt Brace 1994.
---: „Poetic Origins and Final Phases". *Modern Criticism and Theory. A Reader*, ed. David Lodge. London: Longman 1988b: 241-252.
---: „A Meditation upon Priority, and a Synopsis". *Authorship: From Plato to the Postmodern. A Reader*, ed. Sean Burke. Edinburgh: Edinburgh University Press 1995: 131-139.
Bogdal, Klaus-Michael (Hrsg.): *Neue Literaturtheorien. Eine Einführung*. Opladen: Westdeutscher Verlag 1997.
Booth, Wayne C.: „Preserving the Exemplar or, How Not to Dig Our Own Graves". *Critical Inquiry* 3 (1976/7): 407-423.
Bové, Paul A.: *Destructive Poetics*. New York : University of Columbia Press 1980.
Bradbury, Malcolm: *The History Man*. London: Macmillan 1975.
---: *No, Not Bloomsbury*. New York: Columbia University Press 1988a.
---: *Unsent Letters*. London: Penguin 1988b.
Bradford, Richard (ed.): *The State of Theory*. London: Routledge 1993.
Brannigan, John: *New Historicism and Cultural Materialism*. London: Macmillan 1998.

Brooks, Ann: *Postfeminisms. Feminism, Cultural Theory and Cultural Forms*. London: Routledge 1997.

Brooks, Cleanth: „The Formalist Critic". *Twentieth Century Literary Criticism*, ed. K. M. Newton. London: Macmillan 1997: 26-30.

Burke, Sean (ed.): *Authorship: From Plato to the Postmodern. A Reader*. Edinburgh: Edinburgh University Press 1995.

Butler, Judith; John Guillory, Kendall Thomas (eds.): *What's Left of Theory. New Work on the Politics of Literary Theory*. London: Routledge 2000.

Cain, William E.: *The Crisis in Criticism. Theory, Literature, and Reform in English Studies*. Baltimore: Johns Hopkins University Press 1984.

Cixous, Hélène: „The Laugh of the Medusa". *Critical Theory Since 1965*, eds. Hazard Adams, Leroy Searle. Tallahassee: Florida State University Press 1986: 309-321.

---: „Conversations". *Twentieth Century Literary Criticism*, ed. K. M. Newton. London: Macmillan 1997: 225-233.

Clark, Michael P. (ed.): *Revenge of the Aesthetic. The Place of Literature in Theory Today*. Berkeley: University of California Press 2000.

Cohen, Ralph (ed.): *The Future of Literary Theory*. London: Routledge 1989.

Collier, Peter; Helga Geyer-Ryan (eds.): *Literary Theory Today*. Cambridge: Polity Press 1990.

Culler, Jonathan: *Framing the Sign. Criticism and Its Institutions*. Oxford: Blackwell 1988.

---: *Literary Theory*. Oxford: Oxford University Press 1997.

---: „The Literary in Theory". *What's Left of Theory. New Work on the Politics of Literary Theory*, eds. Judith Butler, John Guillory, Kendall Thomas. London: Routledge 2000: 273-292.

Davis, Robert Con; Ronald Schleifer: *Criticism and Culture: The Role of Critique in Modern Literary Theory*. London: Longman 1991.

de Man, Paul: *The Resistance to Theory*. Minneapolis: University of Minnesota Press 1986.

Dentith, Simon: *Bakhtinian Thought. An Introductory Reader*. London: Routledge 1995.

Docherty, Thomas: *After Theory*. Edinburgh: Edinburgh University Press 1996a.

---: *Alterities. Criticism, History, Representation*. Oxford: Clarendon Press 1996b.

Donoghue, Denis: *The Pure Good of Theory*. Oxford: Blackwell 1992.

Eagleton, Terry: *The Significance of Theory*. Oxford: Blackwell 1990a.

---: *The Ideology of the Aesthetic*. Oxford: Blackwell 1990b.

---: *Wittgenstein. The Terry Eagleton Script. The Derek Jarman Film*. London: British Film Institute 1993.

---: *Heathcliff and the Great Hunger. Studies in Irish Culture*. London: Verso 1995.

---: *The Illusions of Postmodernism*. Oxford: Blackwell 1996.

---: *Saint Oscar and Other Plays*. Oxford: Blackwell 1997.

---: *The Eagleton Reader*, ed. Stephen Regan. Oxford: Blackwell 1998.

---: *The Gatekeeper. A Memoir*. London: Penguin 2001.

---: „Towards a Science of the Text". *Marxist Literary Theory. A Reader*, eds. Terry Eagleton, Drew Milne. Oxford: Blackwell 1996: 296-327.

---; Drew Milne (eds.): *Marxist Literary Theory. A Reader*. Oxford: Blackwell 1996.

Easterlin, Nancy; Barbara Riebling (eds.): *After Poststructuralism. Interdisciplinarity and Literary Theory*. Evanston, Ill.: Northwestern University Press 1993.

Easthope, Anthony; Kate McGowan (eds.): *A Critical and Cultural Theory Reader*. Buckingham: Open University Press 1992.

Edmundson, Mark: *Literature Against Philosophy, Plato to Derrida. A Defence of Poetry*. Cambridge: Cambridge University Press 1996.

Eliot, T.S.: *The Use of Poetry and the Use of Criticism*. London: Faber & Faber 1964 (1933).

---: „Tradition and the Individual Talent". *Twentieth Century Literary Theory*, eds. Vassilis Lambropoulos, David. N. Miller. Albany: State University of New York Press 1987: 145-151.

Ellis, John M.: *Against Deconstruction*. Princeton: Princeton University Press 1989.

Fabian, Bernhard (Hrsg.): *Die englische Literatur*. Bd. 2 (Autoren). München: dtv 1991.

Fish, Stanley: „Consequences". *Against Theory. Literary Studies and the New Pragmatism*, ed. W.J.T. Mitchell. Chicago: University of Chicago Press 1985: 106-131.

Fluck, Winfried: „Die ‚Amerikanisierung' der Geschichte im *New Historicism*". *New Historicism. Literaturgeschichte als Politik der Kultur*, hrsg. Moritz Baßler. Tübingen: Francke 2001: 229-250.

Foucault, Michel: „What is an Author?". *Modern Criticism and Theory. A Reader*, ed. David Lodge. London: Longman 1988b: 197-210.

Fry, Paul H.: *A Defence of Poetry. Reflections on the Occasion of Writing*. Stanford: Stanford University Press 1995.

Gilbert, Allan H. (ed.): *Literary Criticism: Plato to Dryden*. Detroit: Wayne State University Press 1962.

Girard, René: „Theory and Its Terrors". *The Limits of Theory*, ed. Thomas M. Kavanagh. Stanford: Stanford University Press 1989: 225-254.

Goodheart, Eugene: *The Skeptic Disposition in Contemporary Criticism*. Princeton: Princeton University Press 1984.

Gosson, Stephen: *The Schoole of Abuse*. New York: AMS Press 1970 (1579).
Graff, Gerald: *Literature Against Itself. Literary Ideas in Modern Society*. Chicago: University of Chicago Press 1979.
---: *Professing Literature. An Institutional History*. Chicago: University of Chicago Press 1987.
---: „Literature as Assertions". *American Criticism in the Poststructuralist Age*, ed. Ira Konigsberg. Ann Arbor: Univ. of Michigan Press 1981: 135-161.
---: „The Future of Theory in the Teaching of Literature". *The Future of Literary Theory*, ed. Ralph Cohen. London: Routledge 1989: 250-267.
Greenblatt, Stephen: *Renaissance Self-Fashioning. From More to Shakespeare*. Chicago: University of Chicago Press 1980.
---: *Shakespearean Negotiations. The Circulation of Social Energy in Renaissance England*. Oxford: Clarendon Press 1988.
---: „Kultur". *New Historicism. Literaturgeschichte als Politik der Kultur*, hrsg. Moritz Baßler. Tübingen: Francke 2001: 48-59.
Griesheimer, Frank; Alois Prinz (Hrsg.): *Wozu Literaturwissenschaft? Kritik und Perspektiven*. Tübingen: Francke 1992.
Halberstam, Judith: „F2M: The Making of Female Masculinity". *Literary Theory. An Anthology*, eds. Julie Rivkin, Michael Ryan. Oxford: Blackwell 1998: 759-768.
Hamilton, Paul: *Historicism*. London: Routledge 1996.
Harari, Josué: „Nostalgia and Critical Theory". *The Limits of Theory*, ed. Thomas M. Kavanagh. Stanford: Stanford University Press 1989: 168-193.
Hartman, Geoffrey: *The Fate of Reading and Other Essays*. Chicago: University of Chicago Press 1975.
---: *Saving the Text. Literature/Derrida/Philosophy*. Baltimore: Johns Hopkins University Press 1981.
---: „The New Wilderness: Critics as Connoisseurs of Chaos". *Innovation/Renovation. New Perspectives on the Humanities*, eds.

Ihab Hassan, Sally Hassan. Madison: University of Wisconsin Press 1983: 87-110.

---: „Tea and Totality: The Demand of Theory on Critical Style". *After Strange Texts. The Role of Theory in the Study of Literature*, eds. Gregory S. Jay, David L. Miller. Tuscaloosa: University of Alabama Press 1985: 29-45.

---: „Literary Commentary as Literature". *Critical Theory Since 1965*, eds. Hazard Adams; Leroy Searle. Tallahassee: Florida State University Press 1986. 345-359.

Hassan, Ihab: *Paracriticisms. Seven Speculations of the Times*. Chicago: University of Illinois Press 1975.

---: *The Right Promethean Fire. Imagination, Science, and Cultural Change*. Chicago: University of Illinois Press 1980.

---; Sally Hassan (eds.): *Innovation/Renovation. New Perspectives on the Humanities*. Madison: University of Wisconsin Press 1983.

Hebel, Ulrich: „Der amerikanische *New Historicism* der achtziger Jahre. Bestandsaufnahme einer neuen Orthodoxie kulturwissenschaftlicher Literaturinterpretation". *Amerikastudien* 37 (1992), 325-347.

Hirsch, E.D.: *Validity in Interpretation*. New Haven: Yale University Press 1967.

---: *Cultural Literacy*. Boston: Houghton Mifflin 1987.

Höfele, Andreas: „Ut Architectura Poesis?" *Postmodernism and the Fin de Siècle*, hrsg. Gerhard Hoffmann; Alfred Hornung. Heidelberg: Winter 2002: 13-25.

Hoffmann, Gerhard; Alfred Hornung (Hrsg.): *Postmodernism and the Fin de Siècle*. Heidelberg: Winter 2002.

Hopkins, David (ed.): *The Routledge Anthology of Poets on Poets*. London: Routledge 1994.

Horstmann, Ulrich: *Parakritik und Dekonstruktion. Eine Einführung in den amerikanischen Poststrukturalismus*. Würzburg: Königshausen & Neumann 1983.

Hume, David: *Essays. Moral, Political, and Literary*. Aalen: Scientia 1964.
Jannidis, Fotis; Gerhard Lauer, Matías Martínez, Simone Winko (Hrsg.): *Rückkehr des Autors. Zur Erneuerung eines umstrittenen Begriffs*. Tübingen: Niemeyer 1999.
Jay, Gregory S.; David L. Miller (eds.): *After Strange Texts. The Role of Theory in the Study of Literature*. Tuscaloosa: University of Alabama Press 1985.
Kavanagh, Thomas M. (ed.): *The Limits of Theory*. Stanford: Stanford University Press 1989.
Kermode, Frank: *The Uses of Error*. London: Collins 1990.
Kolodny, Annette: „Dancing Through the Minefield: Some Observations on the Theory, Practice and Politics of a Feminist Literary Criticism". *Critical Theory Since 1965*, eds. Hazard Adams, Leroy Searle. Tallahassee: Florida State University Press 1986: 499-513.
Konigsberg, Ira (ed.): *American Criticism in the Poststructuralist Age*. Ann Arbor: University of Michigan Press 1981.
Krieger, Murray: *Theory of Criticism. A Tradition and Its System*. Baltimore: Johns Hopkins University Press 1976.
---: *Arts on the Level. The Fall of the Elite Object*. Knoxville: University of Tennessee Press 1981.
---: *The Institution of Theory*. Baltimore: Johns Hopkins University Press 1994.
---: „My Travels with the Aesthetic". *Revenge of the Aesthetic. The Place of Literature in Theory Today*, ed. Michael P. Clark. Berkeley: University of California Press 2000: 208-236.
Kristeva, Julia: *The Kristeva Reader*, ed. Toril Moi. Oxford: Blackwell 1986.
Lambropoulos, Vassilis; David N. Miller (eds.): *Twentieth Century Literary Theory*. Albany: State University of New York Press 1987.

Lamping, Peter: *Literatur und Theorie. Über poetologische Probleme der Moderne*. Göttingen: Vandenhoeck & Ruprecht 1996.

Larkin, Philip: *Required Writing. Miscellaneous Pieces 1955-1982*. London: Faber & Faber 1983.

Leavis, F.R.: *Valuation in Criticism and Other Essays*. Cambridge: Cambridge University Press 1986.

Lerner, Laurence (ed.): *Reconstructing Literature*. Totowa: Barnes & Noble 1983.

Lodge, David: *The Novelist at the Crossroads*. London: Routledge & Kegan Paul 1971.

---: *Small World*. Harmondsworth: Penguin 1985.

---: *Write On: Occasional Essays 1965-1985*. London: Penguin 1988a.

---: (ed.). *Modern Criticism and Theory. A Reader*. London: Longman 1988b.

---: *After Bakhtin. Essays on Fiction and Criticism*. London: Routledge 1990.

---: *The Practice of Writing*. London: Penguin 1997.

Lorde, Audre: „Age, Race, Class, and Sex: Women Redefining Difference". *Literary Theory. An Anthology*, eds. Julie Rivkin, Michael Ryan. Oxford: Blackwell 1998: 630-636.

Lucy, Niall: *Postmodern Literary Theory. An Introduction*. Oxford: Blackwell 1997.

Macherey, Pierre: „From *A Theory of Literary Production*". *A Critical and Cultural Theory Reader*, eds. Anthony Easthope, Kate McGowan. Buckingham: Open University Press 1992: 21-30.

McGilchrist, Ian: *Against Criticism*. London: Faber & Faber 1982.

Miller, J. Hillis: *Theory Now and Then*. New York: Harvester Wheatsheaf 1991.

---: „The Critic as Host". *Modern Criticism and Theory. A Reader*, ed. David Lodge. London: Longman 1988b: 278-285.

---: „The Function of Literary Theory at the Present Time". *The Future of Literary Theory*, ed. Ralph Cohen. London: Routledge 1989: 102-111.

Milner, Andrew: *Literature, Culture and Society*. London: UCL Press 1996.

Mitchell, W.J.T. (ed.): *Against Theory. Literary Studies and the New Pragmatism*. Chicago: University of Chicago Press 1985.

Montrose, Louis: „Die Renaissance behaupten. Poetik und Politik der Kultur". *New Historicism. Literaturgeschichte als Politik der Kultur*, hrsg. Moritz Baßler. Tübingen: Francke 2001: 60-93.

Muschg, Adolf: „Erlaubt ist, was gelingt. Der Literaturwissenschaftler als Autor". *Wozu Literaturwissenschaft? Kritik und Perspektiven*, hrsg. Frank Griesheimer, Alois Prinz. Tübingen: Francke 1992: 161-179.

Newton, Judith; Deborah Rosenfelt (eds.): *Feminist Criticism and Social Change*. London: Methuen 1985.

Newton, K.M.: *Interpreting the Text. A Critical Introduction to the Theory and Practice of Literary Interpretation*. New York: Harvester Wheatsheaf 1990.

--- (ed.): *Twentieth Century Literary Criticism*. London: Macmillan 1997.

Nieberle, Sigrid: „Rückkehr einer Scheinleiche? Ein erneuter Versuch über die Autorin". *Rückkehr des Autors. Zur Erneuerung eines umstrittenen Begriffs*, hrsg. Fotis Jannidis, Gerhard Lauer, Matías Martínez, Simone Winko. Tübingen: Niemeyer 1999: 255-272.

Norris, Christopher: *The Contest of Faculties. Philosophy and Theory after Deconstruction*. London: Methuen 1985.

Nünning, Ansgar (Hrsg.): *Metzler Lexikon Literatur- und Kulturtheorie*. Stuttgart: Metzler 2001.

Parrinder, Patrick: *The Failure of Theory. Essays on Criticism and Contemporary Fiction*. Brighton: Harvester 1987.

---: *Authors and Authority. English and American Criticism 1750-1990*. London: Macmillan 1991.

---: „Having Your Assumption Questioned. A Guide to the ‚Theory Guides'". *The State of Theory*, ed. Richard Bradford. London: Routledge 1993:127-144.

Peacock, Thomas Love: „The Four Ages of Poetry". *Critical Theory Since Plato*, ed. Hazard Adams. Fort Worth [u.a.]: Harcourt Brace Jovanovich 1992: 509-514; (1820).

Pfandl-Buchegger, Ingrid: *David Lodge als Literaturkritiker, Theoretiker und Romanautor*. Heidelberg: Winter 1993.

Platon: *Der Staat*. Hamburg: Meiner 1961.

Pope, Alexander: „Essay on Criticism". *Literary Criticism: Pope to Croce*, eds. Gay Wilson Allen, Harry Hayden Clark. Detroit: Wayne State University Press 1962: 3-23; (1711).

Ransom, John Crowe: „Criticism, Inc.". *The World's Body*. Kingsport, Ten.: Kingsport Press 1968: 327-337; (1938).

Reich-Ranicki, Marcel: *Mein Leben*. München: Deutscher Taschenbuch Verlag 1999.

Rice, Philip; Patricia Waugh (eds.): *Modern Literary Theory. A Reader*. London: Arnold 1992.

Richards, I.A.: *Practical Criticism. A Study of Literary Judgment*. London: Routledge & Kegan Paul 1964 (1929).

Riddel, Joseph N.: *The Inverted Bell*. Baton Rouge: Louisiana State University Press 1974.

Rivkin, Julie; Michael Ryan (eds.): *Literary Theory. An Anthology*. Oxford: Blackwell 1998.

Schärf, Christian: *Literatur in der Wissensgesellschaft*. Göttingen: Vandenhoeck & Ruprecht 2001.

Schlaeger, Jürgen (Hrsg.): *Kritik in der Krise. Theorie der amerikanischen Literaturkritik*. München: Fink 1986.

Schlaffer, Heinz: *Poesie und Wissen. Die Entstehung des ästhetischen Bewußtseins und der philologischen Erkenntnis*. Frankfurt: Suhrkamp 1990.

---: *Die kurze Geschichte der deutschen Literatur*. München: Hanser 2002.

---: „Unwissenschaftliche Bedingungen der Literaturwissenschaft". *Jahrbuch der deutschen Schillergesellschaft* 42 (1998): 485-489.

Scholes, Robert: *Textual Power. Literary Theory and the Teaching of English*. New Haven: Yale University Press 1985.

Scott, Nathan A.; Ronald A. Sharp (eds.): *Reading George Steiner*. Baltimore: Johns Hopkins University Press 1994.

Selden, Raman; Peter Widdowson (eds.): *A Reader's Guide to Contemporary Literary Theory*. Lexington: University Press of Kentucky 1993.

Sharp, Ronald A.: „Steiner's Fiction and the Hermeneutics of Transcendence". *Reading George Steiner*, eds. Nathan A. Scott, Ronald A. Sharp. Baltimore: Johns Hopkins University Press 1994: 205-223.

Showalter, Elaine: „Towards a Feminist Poetics". *Twentieth Century Literary Criticism*, ed. K.M. Newton. London: Macmillan 1997: 216-220.

Sidney, Sir Philip: „The Defense of Poesie" [„An Apology for Poetrie"]. *Literary Criticism: Plato to Dryden*, ed. Allan H. Gilbert. Detroit: Wayne State University Press 1962: 406-461; (1595).

Siebers, Tobin: *The Ethics of Criticism*. Ithaca: Cornell University Press 1988.

Simion, Eugen: *The Return of the Author*. Evanston: Northwestern University Press 1996.

Simpson, Louis: *The Character of the Poet*. Ann Arbor: University of Michigan Press 1986.

Sinfield, Alan: *Faultlines. Cultural Materialism and the Politics of Dissident Reading*. Oxford: Clarendon Press 1992.

Sokal, Alan; Jean Bricmont: *Eleganter Unsinn. Wie die Denker der Postmoderne die Wissenschaften mißbrauchen*. München: Beck 1999.

Sontag, Susan: *A Susan Sontag Reader*. London: Penguin 1987.

Sosnoski, James J.: *Token Professionals and Master Critics. A Critique of Orthodoxy in Literary Studies*. Albany: State University of New York Press 1994.

Steele, Meili: *Critical Confrontations. Literary Theories in Dialogue*. Columbia: University of South Carolina Press 1997.

Steiner, George: *In Bluebeard's Castle. Some Notes Towards the Re-definition of Culture*. London: Faber & Faber 1971.

---: *Language and Silence. Essays on Language, Literature, and the Inhuman*. New York: Atheneum 1977.

---: *Tolstoy or Dostoevsky*. London: Faber & Faber 1980.

---: *The Portage to San Cristobal of A.H.* London: Faber & Faber 1981.

---: *Real Presences*. Chicago: University of Chicago Press 1989.

---: *No Passion Spent. Essays 1978-1996*. London: Faber & Faber 1996a.

---: *The Deeps of the Sea and Other Fiction*. London: Faber & Faber 1996b.

---: *Errata*. London: Weidenfeld & Nicolson 1997.

---: *Grammars of Creation*. London: Faber & Faber 2001.

---: „Das lange Leben der Metaphysik. Ein Versuch über die ,Shoah'". *Akzente* 34 (1987): 194-212.

---: „A Responsion". *Reading George Steiner*, eds. Nathan A. Scott, Ronald A. Sharp. Baltimore: Johns Hopkins University Press 1994: 275-285.

Tallack, Douglas (ed.): *Critical Theory. A Reader*. New York: Harvester Wheatsheaf 1995.

Todorov, Tzvetan: *Literature and Its Theorists. A Personal View of Twentieth-Century Criticism*. London: Routledge & Kegan Paul 1988.

Tompkins, Jane P. (ed.): *Reader-Response Criticism. From Formalism to Post-Structuralism*. Baltimore: Johns Hopkins University Press 1980.

Trilling, Lionel (ed.): *Literary Criticism. An Introductory Reader.* New York: Holt, Rinehart & Winston 1970.
van Peer, Willie (ed.): *The Taming of the Text. Explorations in Language, Literature and Culture.* London: Routledge 1988.
---: „Absicht und Abwehr". *Rückkehr des Autors. Zur Erneuerung eines umstrittenen Begriffs*, hrsg. Fotis Jannidis, Gerhard Lauer, Matías Martínez, Simone Winko. Tübingen: Niemeyer 1999: 107-122.
Warner, Eric; Graham Hugh (eds.): *Strangeness and Beauty. An Anthology of Aesthetic Criticism 1840-1910.* 2 vols. Cambridge: Cambridge University Press 1983.
Watts, Cedric: „Bottom's Children: the Fallacies of Structuralist, Poststructuralist and Deconstructionist Literary Theory". *Reconstructing Literature*, ed. Laurence Lerner. Totowa: Barnes & Noble 1983: 20-35.
Weinrich, Harald: *Literatur für Leser. Essays und Aufsätze zur Literaturwissenschaft.* Stuttgart: Kohlhammer 1971.
Whistler, James McNeill: „The Ten O'Clock Lecture". *Strangeness and Beauty. An Anthology of Aesthetic Criticism 1840-1910*, (II), eds. Eric Warner, Graham Hugh. 2 vols. Cambridge: Cambridge University Press 1983: 72-79; (1890).
Widdowson, Peter: *Literature.* London: Routledge 1999.
Wilde, Oscar: *Complete Works of Oscar Wilde*, ed. Vyvyan Holland. London: Collins 1973.
Willemsen, Roger: „Tragödien der Forschung. Über eine Literaturwissenschaft ohne Literatur". *Wozu Literaturwissenschaft. Kritik und Perspektiven*, hrsg. Frank Griesheimer, Alois Prinz. Tübingen: Francke 1992: 47-64.
Wolfreys, Julian: *Deconstruction • Derrida.* London: Macmillan 1998.
Young, Edward: „Conjectures on Original Composition." *Critical Theory Since Plato*, ed. Hazard Adams. Fort Worth [u.a.]: Harcourt Brace Jovanovich 1992: 329-337; (1759).

Young, R.V.: *At War with the Word. Literary Theory and Liberal Education*. Wilmington: ISI Books 1999.

Zapf, Hubert: *Kurze Geschichte der anglo-amerikanischen Literaturtheorie*. München: Fink 1996.

Hartmut Heuermann

Welt und Bewußtsein

Eine Topographie der inneren Erfahrung

Frankfurt/M., Berlin, Bern, Bruxelles, New York, Oxford, Wien, 2002. 490 S.
ISBN 3-631-39388-1 · br. € 49.80*

Was ist Phantasie, was ist Magie, was Illusion, was Dämonie, was Utopie? Wie wirken solche Phänomene als mentale Zustände? Dieses Buch ist eine Studie der verschiedenen „Landschaften" des menschlichen Bewußtseins. Während unsere Welterfahrung sich unter den Diktaten der Massen- und Mediengesellschaft zunehmend „veräußerlicht", droht die Erkenntnis in Vergessenheit zu geraten, daß es die innere Welt ist, welche die äußere Wirklichkeit bestimmt – zumindest solange solche Wirklichkeit als mental und kulturell bedeutsam erachtet wird. Dementsprechend handelt es sich hier nicht um eine neue Theorie des Bewußtseins, sondern um eine Topographie, welche die Orte „kartographiert", deren Ensemble die Welt in unserem Kopf bildet. Es wird ein Spektrum vorgestellt, auf dem magische, mythische, träumerische, mystisch-religiöse, dämonisch-pathologische, ideologische, rational-empirische, psychedelische, utopische u. a. Bewußtseinsformen beschrieben und in ihren spezifischen Ausprägungen und (Fehl-) Leistungen voneinander abgegrenzt werden. 25 Kapitel beleuchten unter den verschiedensten Aspekten die Topik des Bewußtseins und behandeln die schillernde Dialektik von Innen und Außen.

Aus dem Inhalt: An den Wurzeln des Bewußtseins: Magie, Mythos, Symbolik, Hypnose und Trance, Regression, Schizophrenie · Im Reich der Phantasie: Nacht- und Tagtraum, Erotische Phantasien, Angst- und Horrorphantasien, Gewaltphantasien, Rassistische Phantasien, Dämonische Phantasien, Apokalyptische Phantasien · Jenseits empirischer Grenzen: Mystische Transzendenz, Kosmisches Bewußtsein, Prophetie, Psychedelische Reisen, Nahtod-Erfahrungen, Was die Kirche sagt · Tranformationen des Wirklichen: Kreative Ideen, Erfindergeist, Ideologisches Denken, Utopisches Bewußtsein

Frankfurt/M · Berlin · Bern · Bruxelles · New York · Oxford · Wien
Auslieferung: Verlag Peter Lang AG
Moosstr. 1, CH-2542 Pieterlen
Telefax 00 41 (0) 32 / 376 17 27

*inklusive der in Deutschland gültigen Mehrwertsteuer
Preisänderungen vorbehalten

Homepage http://www.peterlang.de